평생수학, 유아기에 결정된다

엄마와 함께 하는 즐거운 수학놀이

홍은주 김민정 조형숙 박소영 지음

학지사

평생수학, 유아기에 결정된다

엄마와 함께 하는 즐거운 수학놀이

홍은주 · 김민정 · 조형숙 · 백소영 지음

학지사

들어가면서

"수학을 잘해야 다른 과목도 잘한다는데…
수학은 기초부터 튼튼하게 꾸준히 해두어야 성적이 나오는데…
우리 아이는 나처럼 수학을 싫어하는 것 같아 걱정인데…
초등수학은 어릴 때부터 선행학습을 해두어야 하는데…
나의 수학실력이 부족해서 아이에게 가르친다는 건 어려운데……"

인성이 좋고 인간관계가 원만한 아이로 자라기를 모든 부모가 바라듯이 학교 학업에서도 성공적이길 바라는 마음은 어느 부모나 마찬가지이다. 그런데 인성교육에 대해서는 부모들의 태도가 느긋한 반면, 학업능력을 키우는 문제에 있어서는 마음이 다급하다. 위에 적은 부모님들의 이야기 속에 바로 이런 부모님들의 다급한 마음과 걱정이 담겨 있다. 수학은 학교교육에서 매우 중요한 교과목이라 자녀가 어린 시기부터 부모들은 수학교육의 필요성을 절감하고 있다. 그러다 보니 발달에도 맞지 않게 아이 능력에 넘치는 내용을 가르치거나 유아기부터 초등 수학 내용을 시험지 형태로 부담스럽게 배우도록 하는 경우가 있다.

수학교육의 목적은 정해진 공식을 익혀 그대로 문제에 대비하여 풀고 정답을 내는 능력을 기르는 데 있는 것이 아니라 다양한 상황과 일의 양상을 논리적으로 해석하고, 추론해서 더욱 합리적인 사고를 할 수 있는 소양을 기르는 데 있다. 그래서 수학을 잘하는 사람은 생활 속의 문제를 논리적인 사고를 바탕으로 해결하여 보다 합리적인 삶을 꾸려나갈 수 있다.

이러한 논리, 수학적 사고는 단순한 문제풀이의 반복으로 성장하는 것이 아니라 아이들이 의미를 느낄 수 있는 일상적 문제 상황을 여러 가지 측면에서 해석하고 아이디어를 끌어내는 경험을 통해 길러질 수 있다. 특히 직접 경험을 통해 구체적으로 배울 수 있는 학습 특성을 가진 유아들에게 수학은 재미있는 놀이가 되어야 한다. 하루 하루 정해진 양을 풀어야 하는 숙제가 되면 아이들에게 수학은 어느덧 힘든 공부가 되어 버린다. 다행히 어린 영아들도 이미 생활경험을 통해 수감각을 갖고 있으며 세상을 수학의 눈으로 바라보고 해석하는 능력을 가지고 있다고 한다. 이런 아이들의 발달특성을 이해하고 일상생활 경험을 살려 조금 체계적인 방법으로 부모가 아이들의 수학놀이에 함께 해 준다면 초등수학이 어렵지 않고, 아이들에게 수학공부는 즐거운 게임과 도전이 될 수 있다.

이 책은 부모의 수학에 대한 인식을 새롭게 하고 수학놀이가 아이들에게 즐거운 공부가 될 수 있는 방법을 안내해주고자 기획하였다. 저자들은 주변에서 만나는 유아들이 집에서 수학을 숙제하듯 해내야 하는 경험으로 인해 일찌감치 수학을 재미없는 공부거리로 생각하는 모습을 보며 수학이 즐거워질 수 있는 방법을 안내하는 일이 절실하다는 것을 느꼈기 때문이다. 본 책에 소개된 수학활동들은 만 4세-5세를 주요대상으로 하였다. 활동에 따라 난이도가 다르지만 굳이 활동별로 연령 표시를 하지 않았다. 왜냐하면 수학능력은 같은 연령 내에서도 개인차가 많기 때문이다. 만 5세라고 해서 소개된 모든 활동을 쉽게 한 번에 다 이해하고 따라줄 것이라고 기대하면 어려움이 생긴다. 아이와 함께 놀이하며 아이 수준을 가늠하여 즐겁게 배워가도록 하는 것이 중요하다. 수학놀이를 하며 수학적 사고를 키우고 초등학교에서 누구보다 자신 있게 수학을 배우고 즐길 수 있는 유아들의 미래 모습을 그려본다. 이 책이 나오기까지 함께 고민하고 애써주신 여러 관계자들께 감사의 마음을 전한다.

조형숙

차 례

Part I 수학교육에 대한 이야기

Part II 엄마와 함께 하는 수학놀이

Part I

수학교육에 대한 이야기

1. 수학! 왜 수학인가?
2. 유아교육기관에서의 수학교육은?
3. 유아를 위한 수학교육의 모든 것
4. 엄마가 함께 하는 수학놀이

1 수학! 왜 수학인가?

자, 눈을 감고 '수학'에 대해 생각해 볼까요? 어떤 기억이 떠오르세요? 수학에 대한 나의 느낌과 수학과의 관계는 어떤가요? 긍정적인가요? 아니면 그 반대인가요?

대부분의 사람들에게 있어 '수학'이라는 학문에 대한 기억은 그리 긍정적이지 않은 것이 사실입니다. 왜 그럴까요?

수학에 대한 기억은 초등학교 입학과 더불어 시작된다고 볼 수 있습니다. 물론 우리가 기억을 하기 이전부터 수학과의 경험은 시작되고 있지만요. 인간은 태어나기 이전부터 임신 몇 주 며칠째인지, 몇 cm 정도로 자랐는지 등으로 그 존재감을 확인하게 됩니다. 이렇게 출생하기 이전부터 시작된 수학과의 인연은 고등학교 졸업 때까지 대략 12년 동안 형식적 기관교육을 통해 그 존재감을 명확하게 하지요. 일상생활 속에서의 경험은 제하고라도 형식적 학교 교육 기간인 12년이라고 하는 그 오랜 시간에 걸쳐 수학과 만나 왔지만, 도대체 '수학'이란 무엇인지, 왜 배우는지 모른 채 수학과 만나 온 것이지요.

처음 만난 사람과도 10년 정도 알고 지내면 미운정 고운정이 다 들어 10년지기가 되고, 서툰 일이라도 10년 정도 하면 달인達人까지는 아니어도 익숙해지는 것이 일반적인데, 수학은 10년을 넘게 만나고 알아와도 왜 낯설고 어렵게 느껴질까요?

그것은 수학과 제대로 만나고 사귀지 못했기 때문일 것입니다. 이제부터라도 수학을 다시 만나고 그 관계를 회복해 보는 건 어떨까요?

수학과 친해지면 친해질수록 수학은 우리에게 신비롭고 흥미진진한 이야기를 많이 들려줄 수 있습니다. 친구를 잘 알려면 우선 친해져야 하듯, 수학을 잘하려면 먼저 수학과 친해져야겠지요?

01 수학은 어떻게 생겨났을까?

"일상생활의 필요에 의해 수학이 발달되어 온 것이랍니다."

수학의 시작은 인류가 생기면서부터라고 할 수 있습니다. 인류가 물건 두 개와 이틀이 모두 '2' 라는 것을 아는 데는 수 천년이 걸렸다고 합니다. 아주 먼 옛날부터 사람들은 생존을 위해 곡식이나 물건을 바꿔가며 살아왔습니다. 어떤 사람은 소가 있고 어떤 사람은 곡식이 있을 때 이들은 서로 필요한 만큼씩 바꾸며 생활을 했습니다.

여기서 필요한 만큼을 나타내기 위해 처음엔 손가락을 쓰다가 돌멩이를 사용해서 수를 표시하기도 하고, 짐승의 뼈나 나무에 금을 그어 사용하기도 했습니다. 인류는 문자도 생기기 이전부터 이렇게 생활 속의 수를 사용했으며, 원시시대부터 수를 세었다는 기록도 있답니다. 하나, 둘, 셋··· 수를 세기 위해 아이들이 손가락을 꼽듯이 뉴기니의 한 부족은 엄지손가락을 1로 시작해서 팔, 머리, 몸통의 부분들을 모두 세어 29개를 세고 다시 돌아오는 방법으로 수를 세었다고 합니다.

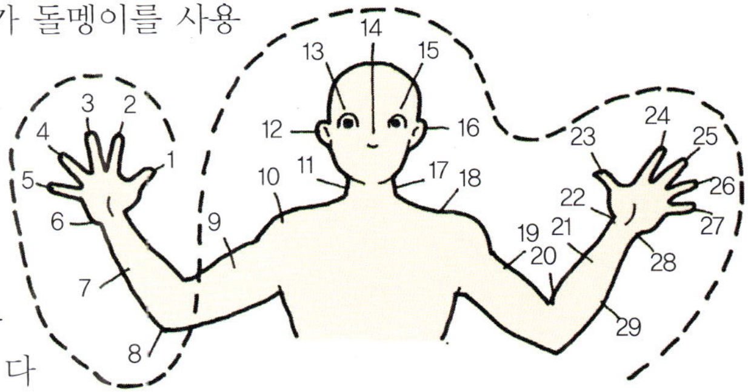

뉴기니 한 부족의 수세기

그러나 점차 '물건 바꾸기', 즉 물물교환이 힘들 정도로 많은 물건의 수를 세는 것이 복잡해지자 편리하게 수를 세는 방법을 생각하게 되었습니다. 그래서 고안해 낸 것이 바로 '숫자'겠지요? 점점 일상생활에서 숫자의 사용이 많아지고, 좀 더 간단하고 쉽게 계산을 하면서 오랜 세월에 걸쳐 '수학'이라는 학문으로 탄생하게 된 것입니다. 이렇게 수와 수학적 계산을 사용한 결과 고대 이집트 사람들은 피라미드라는 거대한 무덤까지도 세울 수 있었던 것입니다.

이집트 피라미드

현존하는 대부분의 고대 건축물은 기하 형태와 숫자를 통해 우주의 비밀을 표현한 것이랍니다. 특히 이집트의 피라미드는 4각형 토대에 측면은 3각형을 이루도록 돌이나 벽돌을 쌓아올려 한 정점에서 만나도록 축조한 사각뿔 형태인데, 이 사각뿔의 밑변과 경사면이 이루는 각도가 52°입니다. 이렇게 했을 때 만들어지는 피라미드의 무게 중심에는 초자연적인 우주의 에너지가 모인다고 합니다. 피라미드의 무게 중심에 녹슨 면도날을 놓으면 녹이 지워진다는 설까지 있습니다. 파라오의 미라가 놓이는 무덤은 정확히 무게 중심 지점과 일치한다는 사실로 미루어 파라오 쿠푸는 피라미드의 무게 중심 속에 숨어 있는 어떤 에너지의 존재를 알고 있었고, 자신이 죽은 뒤 바로 그 중심에서 영생하며 내세를 이어가 이집트 세계를 통치하고자 염원하지 않았을까 하는 생각을 해봅니다. 이렇듯 고대에서부터도 수학이라는 것이 우리 가까이에 숨쉬고 있었습니다.

기하학이란 말은 원래 "땅을 측량한다"는 뜻인데 고대 이집트에서 기하학이 발달한 이유는 나일강 때문이랍니다. 나일강이 자주 넘쳐서 땅의 경계가 지워지는 일이 많아 이때마다 땅의 경계를 측량해서 다시 정해야 했답니다. 또한 고대 바빌로니아인들은 1년이 360일이라고 생각했는데 이는 지구가 태양의 한 바퀴를 도는 데 걸리는 시간이 360일이었기 때문이었답니다(강미선, 2008).

그러면 '수학'이란 무슨 뜻일까요? 수학數學, mathematics을 사전에서 찾아보면 '수량 및 공간의 성질에 관하여 연구하는 학문' 이라고 나와 있습니다. 영어로 'mathematics'는 그리스어에서 유래되었는데, '배우는 모든 것'이라는 뜻을 가지고 있다고 합니다. 배우는 모든 것에 수학이 있다는 뜻이기도 하고, 수학을 배우는 것이 모든 학문의 기초가 된다는 뜻이기도 합니다.

이처럼 인류 초기부터 생활에 꼭 필요해서 만들어 사용하기 시작한 '수학'은 이후 오랜 시간에 걸쳐 인류 문명과 함께 발달하고 다양해져서 우리 생활 속에 깊숙이 뿌리내리게 된 것입니다.

고대의 나라별 숫자

아라비아

아라비아 숫자는 오늘날 전 세계적으로 통용되는 숫자입니다.

이집트 :

1	10	100	1,000	10,000	100,000	1,000,000

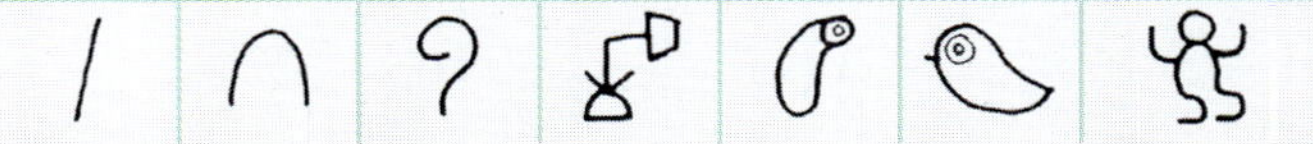

꽃 모양의 1,000과 올챙이 모양의 10,000은 그 당시 흔했기 때문이며 1,000,000은 너무 큰 수로 사람이 놀라는 모습이라고도 하며, 우주를 받치고 있는 신의 모습이라고도 합니다.

(예 1236 → ).

중국 :

1	2	3	4	5	6	7	8	9

홀수 자리 / 짝수 자리

중국에서는 계산을 할 때 나뭇가지를 늘어놓아 수를 표현했는데, 자릿값에 따른 혼동이 생기지 않도록 홀수 자리(1, 100 등)와 짝수 자리(10, 1000 등)를 구분하여 표현하였습니다(예 1236 → ).

다음의 수를 아라비아 숫자로 표현해보세요.

 = ____________

 = ____________

출처: 박경미(2007). 수학비타민. 랜덤하우스코리아.

02 수학, 누구냐? 넌!

폴 에르디시 paul erdos

"수가 아름답지 않다면 도대체 아름다운 것이 어떤 것인지 난 도무지 모르겠소……. 허허."

수학의 사전적인 정의 외에도 많은 사람들이 수학에 대해 다양한 정의를 내렸습니다. 수학자 가오스는 '수학은 모든 학문의 여왕'이라고 표현하였습니다. 천재 수학자 폴 에르디시는 한술 더 떠서 '수가 아름답지 않다면 도대체 아름다운 것이 어떤 것인지 난 정말 모르겠다.'고 말했습니다. K. C. 콜은 '수학은 엄청난 힘을 가지고 있다'라고도 했고, 쇼우와 블레이크는 '수학은 사람으로 하여금 올바른 판단과 행동을 하게 하는 것'이라고 정의 내렸습니다. 이시하라 키요타가 역시 '수학적으로 세상을 보면 세상 돌아가는 이치가 더 잘 보인다'고 했습니다.

이처럼 수학자들이 수학을 매력적인 것으로 표현한 이유는 수학이 합리적인 판단과 문제해결의 가치로운 도구이기 때문입니다.

수학에 관련된 용어로 '수학적 지식'이라는 말이 있습니다. 유명한 교육학자인 피아제는 인간에게는 물리적 지식, 사회적 지식, 논리 · 수학적 지식이 있는데, 그 중 '논리 · 수학적 지식'을 인간이 갖추어야 할 중요한 지식 중 하나로 언급하였습니다. 꽃을 예로 들어서 각각의 지식에 대해 알아볼까요?

물리적 지식이란 장미꽃을 보고 '빨갛다, 가시가 있다, 향기가 좋다' 등 오감각을 통해 알 수 있는 사물의 특성에 대한 지식입니다.

사회적 지식이란 '장미꽃은 사랑하는 사람에게 주는 꽃이며, 흰 국화는 장례식장에 가지고 가는 꽃이다'와 같은 사회적인 약속을 의미합니다. 한국에서는 (칭찬을 할 때) '호박꽃 같다'고 하지 않는 것과 같은 맥락입니다.

논리 · 수학적 지식이란 '사물간의 관계'를 나타내는 지식입니다. '이 꽃은 저 꽃보다 크다'라든지 '해바라기가 코스모스보다 꽃잎이 많다' 등과 같이 사물 자체의 속성이 아니라 사물간의 비교를 통해 머릿속에서 형성되는 관계에 대한 지식인 것입니다. 이러한 관계를 수와 기호로 나타내는 것이 수학입니다.

따라서 수학적 지식은 단순히 외우는 지식이 아니라 관계를 나타내는 지식입니다. 때문에 우리가 쉽게 암기하고 있는 구구단인 '2×2=4' 라고 하는 것을 사회적 지식이나 물리적 지식처럼 익히게 되면, 즉 계란이 두 개씩 담긴 바구니가 두 개 있으면 계란이 모두 네 개라는 논리 · 수학적 지식을 제대로 이해하지 못합니다. 수학이란 그래서 암기하는 과목이 아니라 **'원리를 이해하는 과정의 학문'**이라고 할 수 있습니다.

1부터 21까지 숫자와 관련된 이야기

1>> 1cal란 1g의 물을 1도(℃) 상승시키는 데 필요한 열량이라고 합니다.

2>> 사람은 눈, 귀, 손, 발이 두 개씩 있습니다.

3>> 탈무드에 의하면 사람이 숨길 수 없는 것이 세 가지라고 합니다. 사랑과 기침, 그리고 가난이라고 합니다.

4>> 사군자는 매화, 난초, 국화, 대나무로 봄, 여름, 가을, 겨울의 시간적 변화를 뜻한다고 합니다.

5>> 음양오행설의 오행은 물, 불, 나무, 금속, 흙이라고 합니다. 인간의 혀는 다섯 가지 맛(쓴맛, 신맛, 짠맛, 단맛, 감칠맛)을 느낄 수 있습니다. 손가락, 발가락도 다섯 개지요.

6>> 눈의 결정은 6각형이고 거북의 등도 6각형이라고 합니다. 사람의 목뼈도 6개로 이루어져 있지요.

7>> 유태인들은 7일째를 안식일이라 하여 매우 중요하게 생각합니다.

8>> 거미는 8개의 다리가 있습니다.

9>> 죽염은 대나무에 천일염을 넣고 9번 불에 구운 것을 말합니다.

10>> 인간은 손가락 발가락이 10개씩입니다.

11>> 인류 최초로 달에 도착한 우주선은 아폴로 11호이었습니다.

12>> 가야금은 12현으로 이루어진 악기입니다.

13>> 서양에서는 13을 불길한 숫자로 여긴답니다.

14>> 세계의 많은 산 중 8,000m가 넘는 봉우리는 14개랍니다.

15>> 사람은 15년을 주기로 소년기-청년기-장년기-숙련기-노년기를 거친다고 합니다.

16>> 16은 음과 양이 가장 잘 조화된 수여서 16세를 청춘의 상징으로 봅니다.

17>> 사람은 1분에 평균 17번 숨을 쉰다고 합니다.

18>> 금은 18k에서 가장 좋은 색이 나온다고 합니다.

19>> 헬렌 켈러는 생후 19개월에 지독한 열병으로 삼중불구가 되었지만 불굴의 의지로 이를 이겨냈습니다.

20>> 인감은 만 20세가 되면 등록할 수 있습니다.

21>> 경주 불국사 석가탑은 국보 21호랍니다.

출처: 네이버

03 수학과 나는 무슨 관계?

:: 수학이란? 수학은 세상의 이치를 밝혀주는 마법의 도구이다

"수학은 우리를 행복하게 해주는 마법의 도구라구요!!"

수학은 우리 삶에서 어떤 역할을 할까요? 대다수의 사람들은 수학이 삶에 있어서 의미가 없다고 생각하며 수학을 기피하곤 합니다. 하지만 수학의 본질은 우리를 괴롭히는 공식에서 그치는 것이 아니라, '세상의 이치를 밝히는 도구'랍니다.

여행을 하다보면 다리를 건너게 되는데, 이렇게 유용한 다리가 세워지기까지는 많은 수학이 사용되었음을 알 수 있습니다. 우선 다리 사이의 거리가 얼마인지를 알아야 하고, 다리를 받힐 튼튼한 기둥이 몇 개가 얼만큼의 간격으로 놓여야 할지를 알아냄으로써 아름다우면서도 견고한 다리를 건설할 수 있게 하는 것이 바로 '수학'이랍니다.

우리의 실생활에서도 마찬가지입니다. 손님을 초대하여 음식을 준비할 때 몇 명이 오는지, 어떤 음식을 마련할 것인지, 어느 정도의 예산이 필요한지 어림셈을 하게 되는데 이것 역시도 '수학'이랍니다. 아이에게 용돈을 주면 아이는 자신도 모르게 수학을 사용합니다. 받은 용돈이 얼만큼인지, 무엇을 살 것인지, 몇 개를 살 수 있는지, 어느 정도의 기간을 사용해야 하는지를 머릿속에서 계산해 보게 됩니다.

더 어린 아이들의 경우도 작은 과자와 큰 과자 중 어떤 것을 할 것인지 고르라고 하면 양이 더 많거나 크기가 더 큰 것을 고르는 것을 흔히 볼 수 있습니다. 이처럼 수학은 우리가 일상생활 속에서 늘 사용하는 것으로 우리의 생활을 더욱 편리하고 행복하게 만들어주는 '마법의 도구'임에 틀림없습니다.

:: 수학이란 ? 수학은 문제 해결의 도구이다!

"수학은 내 방을 깨끗이 치워준답니다."

우리는 생활을 하면서 여러 가지 문제에 부딪히게 되면서, 어떻게 그것을 풀어야 할지 고민할 때가 있습니다. 수학은 가장 효율적으로 일상생활 중에 발생하는 **'문제를 해결해 주는 도구'**입니다.

우리는 아침에 눈을 뜨면서부터 시계를 보며, 일어나서 무엇을 할지 우선순위를 정합니다. 아침은 무엇을 먹을지, 어떤 옷을 입을지, 하루에 무엇을 해야 할지 등의 순서를 정합니다. 일의 중요한 순서대로 효율적으로 할 수 있도록 하는 것 역시 '수학'이랍니다.

많은 부모들은 블록, 책, 카드, 인형 등으로 잔뜩 어질러진 아이의 방을 보면서 난감한 경험들이 있을 것입니다. 아이를 야단치거나 한숨 쉬며 대신 치워주기보다는 이렇게 해보면 어떨까요? "넌 어떤 것부터 먼저 정리하겠니? 엄마는 우선 책부터 정리해 볼게." 하며 종류별로 순서를 정하거나, 정리 바구니 여러 개를 두어 방에 있는 것들을 종류별로 하나씩 담아서 정리하게 하는 것입니다.

아이들은 처음에는 어질러진 자기 방을 청소할 때 무엇부터 어떻게 해야 할지 어려워하지만 반복해서 치우다보면, 이런 문제를 해결하기 위해서 '분루'를 사용해야 함을 알게 됩니다. 장난감은 장난감통에 모으고 옷은 옷장 서랍에 넣고, 책은 책대로 정리해서 책꽂이에 꽂게 됩니다. 수학의 개념인 '분류' 덕분에 아이의 방은 깨끗해질 수 있습니다.

:: 수학이란? 수학은 상상이다!

"수학은 계산이 아니라 상상이랍니다."

수학이 가진 또 다른 놀라움은 **'불가능을 가능하게 만드는 힘'**이랍니다. 무엇이든 생각한 것이나 상상한 것을 가능하게 해주는 힘이 바로 '수학'인 것입니다. 물 한 방울 나지 않는 사막에 도시를 세우는 데 필요한 도구 역시 '수학'이었죠. 미국의 라스베가스는 원래 사막이었답니다. 콜로라도 강에서 물을 끌어다가 도시를 만들기 위해 강에서부터 사막까지 가장 짧은 거리를 찾기도 하고, 도시 건설을 위해 필요한 물의 양을 측정하기도 하였다고 합니다. 이 과정에 속에 바로 수학이 사용된 것이죠.

● 화려한 라스베이거스의 야경
●● 사막

우리 아이들의 상상력은 무궁무진합니다. 그 상상력에 날개를 달아 눈앞에 현실로 나타나게 하는 힘은 바로

'수학'인 것입니다. 아이들에게 상상의 나라를 그려보게 하세요. 미래에 살고 싶은 나라는 '수학'과 함께라면 언젠가 이루어질 테니까요!

:: 수학이란? 수학은 상징이다!

"숫자 1은 내 번호이기도 하고요, 최고라는 의미를 가지고 있기도 해요."

수학은 상징이기도 합니다. 숫자의 경우 하나의 숫자지만 수많은 의미를 가지고 있기도 합니다. 30이라는 숫자는 달력에서 30일을 나타내기도 하지만, 달걀 한 판의 수를, 30번 버스번호를 표시하기도 합니다. 수학의 모든 용어들 역시 상징으로 이루어져 있습니다.

우리가 흔히 아는 더하기(+)나 빼기(−)등의 수학적 기호도 상징성을 띠고 있습니다. 0도 빈자리를 나타내는 기호였다가, 기원 4세기에 인도사람들에 의해 '없음'이라는 상징이 부여된 것이랍니다. 학교에서 키순서대로 매기는 학생의 출석번호는 단순한 숫자가 아니라 '키크기의 순서'라는 상징성이 있어서 앞 번호인 경우는 '키가 작다'는 의미임를 말해주기도 합니다.

이밖에도 전화번호나 주소, 키, 몸무게, 은행의 비밀번호 역시 독특한 의미와 가치를 포함하고 있습니다. 요즘 '9988234'라는 말이 유행하는데, 이는 '99(아흔아홉)세까지 88(팔팔)하게 살다가 2, 3일 아프다가 하늘나라로 가는 것(4 죽을 사死)이 행복이다'라는 뜻을 나타낸다고 하지요? 이처럼 수학은 '상징성'을 띠고 있어서 때론 아주 편리하게, 때론 아주 쉽게 언어적 의미를 공유할 수 있게 해줍니다.

:: 수학이란? 수학은 모든 것에 존재한다!

수학은 살아있어요.

수학은 수학교과서에만 있는 학문적 지식이 아니라 생활 속에서 반짝이며 살아서 움직이는 친구랍니다. 주위를 둘러보면 우리가 살고 있는 건물을 비롯한 모든 물건들이 수학적 논리에 의해 만들어졌음을 알게 됩니다. 예를 들어 부엌에서 자주 사용하는 프라이팬은 둥근 원의 모양입니다. 왜 프라이팬은 '원' 모양일까요? 원은 정 가운데 점에서부터 모든 원 둘레까지의 거리가 똑같은 모양입니다. 그래서 열이 고루 퍼지게 되어 음식이 고루 익게 되기 때문이랍니다. 또 원은 구르고 회전하는 성질이 있어 공이나 바퀴, 훌라후프 등에도 사용되었답니다.

자연에도 수학의 원리가 숨어 있습니다. 벌집의 모양은 '육각형' 모양입니다. 왜 육각형일까요? 육각형은 각이 여섯 개, 선분도 여섯 개입니다. 육각형으로 쌓은 벌집은 가장 튼튼하고 단단할 뿐만 아니라 적은 면적에 최대한 많은 용량을 갖게 해주기 때문입니다. 이처럼 '수학'이라는 프리즘으로 주위를 둘러보면 나를 둘러싼 모든 것들이 새롭게 보이게 될 것입니다.

벌집의 모양

:: 수학이란, 아름다움이다.

"수학은 미(美)를 창조하는 원리입니다."

수학은 아름다움을 창출하는 도구가 되기도 합니다. 수학에서 '점'과 '선' 그리고

'면'은 그림에서 아름다움으로 표현됩니다. 파르테논 신전의 아름다움은 황금비율에 의해 탄생한 것입니다. 19세기 프랑스 화가 쇠라의 점으로만 그려진 아름다운 그림에서도, 몬드리안의 선과 면을 이용한 그림에서도, 피카소의 면을 활용한 그림에서도 수학적 원리에 의해 아름다움을 창조합니다. 수학은 이렇듯 나와 '관계없는 어려운 과목'이 아니라 '나와는 절대로 떼어놓을 수 없는, 꼭 필요한 아름다운 친구'인 것입니다!

● 파르테논 신전
●● 그랑드자트의 봄풍경(쇠라)
●●● 빨강, 노랑, 파랑의 컴퍼지션(몬드리안)
●●●● 게르니카(피카소)

수학은 ________ 이다.

수학은 우주의 언어이다.

– 갈릴레오 갈릴레이

수학은 도구다. 우주로 나가도록 하는.
수학은 보조도구다. 우리가 쓰는 모든 가전제품, 도구들이 수학을 이용한다.
수학은 상상이다. 새로운 아이디어로 사용된다.
수학은 모든 것에 존재한다. 옷의 패턴도 수학이다.
수학은 언어다. 다른 나라 언어를 몰라도 수학부호나 셈은 통한다.

– K. C 콜

출처: Kohl, K. C (2000). 아름다운, 너무나 아름다운 수학. 경문사.

나에게 있어 수학이란 무엇인지 그리고 그 이유에 대해 써 보세요.

수학은 ______________________________ 이다.

왜냐하면,

______________________________ 이기 때문이다.

04 수학을 잘하는 사람은?

어느 쪽을 가질래?

수학을 잘하는 사람은 어떤 사람을 말하는 것일까요? 수학을 잘하는 사람은 수학 성적만이 좋은 사람이 아니라, 사고가 유연한 사람, 합리적인 판단으로 자신의 삶의 질을 높일 줄 아는 사람, 공간감각과 추론 능력을 활용하여 미를 창조하는 사람이랍니다.

수학을 잘하는 사람은 생활에서 크고 작은 결정을 할 때 깊이 생각하여 문제를 해결하려고 노력합니다. 삶에서 어떤 문제에 직면했을 때 그 문제를 세심하게 생각하고 싶어 하는 경향을 가지고 있어 자신이 사용할 수 있는 모든 자원을 활용하여 좋은 사고 전략을 만들어 내려고 합니다. 또한 수학적 사고력을 발휘하여 사물을 비교하고 대조하며, 사실을 정리하기 위해 범주를 만들고, 타인을 설득하기 위해 논리적 논증을 할 수 있는 능력이 있습니다. 그리고 충동적으로 행동하기에 앞서 충분히 생각을 하여, 계획을 세우고, 결과를 예측하며, 문제를 예견합니다. 이렇듯 수학을 잘하는 사람은 생활속에서 생각하는 힘과 문제를 해결하는 능력을 발휘합니다. 그뿐만 아니라 더 경제적이고 효율적인 문제 해결을 추구합니다. 수학을 잘하는 사람이 생활 속에서 수학적 사고력을 활용하는 예는 일기예보를 통해서도 확인할 수 있습니다. 일기예보를 보면 우리나라의 위성 사진을 보여주면서, "태풍이 현재 남쪽 몇 km 지점에서 몇 km/h의 속력으로 북상하고 있습니다…" 등등의 표현을 합니다.

여기에 수학적 지식을 조금 사용하면 태풍이 언제쯤 내가 살고 있는 지역에 영향을 미칠지 판단할 수 있습니다. 이러한 판단은 판단에서 그치는 것이 아니라 자신의 행동을 어떻게 해야 할지 결정하는 근거가 됩니다. 이처럼 생활 속에서 수학을 활용하게 되면, 문제 해결에 필요한 정보를 의미 있게 사용할 수 있게 됩니다.

똑같은 공간이라도 좀 더 효율적으로 활용할 수 있게 되고, 자투리 공간도 유용한 공간으로 탈바꿈하게 됩니다. 피카소의 그림은 도형을 이용한 입체성이 돋보입니다. 예술가나 운동 선수도 수학을 알면 더 나은 작품을 만들고 경기를 할 수 있습니다. 공간뿐 아니라 귀중한 시간도 훨씬 잘 보낼 수 있게 됩니다. 이렇듯 수학은 문제를 푸는 기술이 아니라, 세상을 이해하는 학문입니다. 그래서 수학을 잘하는 사람은 세상을 좀 더 잘 이해하는 능력을 갖게 되는 것입니다. 물리학이나 화학, 공학, 지구과학, 통계학, 심지어 심리학에 이르기까지 세상의 많은 학문들이 수학에서부터 파생되어 나온 학문들입니다. 즉, 세상을 이해하기 위해서는 수학의 체계를 이해해야 하는 것이지요.

수학자들의 에피소드

피보나치

피보나치는 1170년 이탈리아 피사에서 태어난 수학자입니다. 피보나치가 어느 정도 컸을 때 피사에서 종탑을 짓고 있었는데 3층까지 만들었을 때 문제가 발생하였습니다. 종탑이 기울어져 있었던 것이지요. 피사에 사는 사람들 모두가 걱정하며 종탑에 대한 의견을 내놓았답니다. 피사의 사탑에 마음을 빼앗긴 어린 피보나치는 계획을 신중하게 세우는 일이 얼마나 중요한지를 깨달았고, 사람들마다 내놓는 해결책이 모두 다르다는 사실에 흥미를 느꼈습니다. 이후 피보나치는 시간이 날 때마다 부두에 가서 짐을 싣고 내리는 것, 주판을 가지고 계산하는 것, 장부를 쓰는 것에 흥미를 가지고 아라비아 숫자를 연구하였고, 수열을 처음 발견하여 소개했습니다.

파스칼

프랑스의 수학자 파스칼은 1623년 태어났습니다. 파스칼은 12살이 되던 해 아버지에게 "기하학이 뭐예요?"라고 물었습니다. 아버지는 "기하학이란 평면 위, 또는 공간 속에서 여러 가지 그림을 그려 그것들의 성질을 조사해 가는 학문이란다"라고 이야기해주었다고 합니다. 그 후 파스칼은 친구들과 놀면서도 매일 땅 위에 삼각형을 그려놓고 열심히 생각했다고 합니다. 그러다가 스스로 '삼각형의 내각의 합은 180°라는 것'을 발견했습니다. 이를 본 파스칼의 아버지는 그 후 수학책을 열심히 사주었고, 이후 훌륭한 수학자가 되었답니다.

가우스

가우스라는 수학자가 10살 때의 일입니다. 어느 날 가우스의 선생님은 몸이 피곤하고 귀찮아서 아이들에게 1부터 100까지의 수를 더하라고 했답니다. 아이들은 당황했지만 막연히 더하기를 시작했답니다. 그런데 가우스는 혼자서 문제를 안 풀고 노는 것이었습니다. 선생님이 다했냐고 묻자 가우스는 자기가 푼 종이를 가져왔는데 그 식은 다음과 같았답니다.

1 2 3 4 5 6 ……………… 98 99 100

1+100=101, 2+99=101, 2+98=101………………

이것이 50이 나와서 101×50=5050 이었답니다.

가우스는 이 식을 풀고 난 다음 점점 더 수학에 흥미가 생겨 수학을 열심히 공부해서 훌륭한 수학자가 되었다고 합니다.

출처: 루타라이머, 윌버트 라이머(2007). 수학자도 사람이다. 꼬마이실.

05/ 수학에 대한 편견 뒤집기, YES or NO!!!

사람은 누구나 태어날 때 이미 수학적 머리를 타고 난다구요!!

알버트 아인슈타인

1. 수학적 머리는 타고 난다? NO!

흔히 '수학적 머리' 하면 유전적으로 타고 난다고 믿는 경향이 있습니다. 과연 그럴까요? 엄마와 아빠가 수학을 잘해야만 그 자녀들이 수학을 잘하게 되는 것일까요?

가드너는 지능에는 여러 영역이 있다고 하며 '다중지능'이론을 제시하였는데, 여러 지능의 영역 중에는 '논리 · 수학적 지능'이 있습니다. 이는 사물이나 사건, 정보 사이의 관계에 관심을 두고 문제를 해결하려는 능력으로, 이 지능이 높은 대표적인 인물로는 아인슈타인, 뉴턴 등을 들 수 있습니다.

이러한 '논리 · 수학적 지능'을 다른 능력보다 조금 더 타고난 사람들이 있기는 하지만, 최근의 수학교육 전문가들의 연구에 의하면, **사람은 누구나 태어날 때 이미 수학적 사고를 가능하게 하는 능력을 가지고 태어난다고 합니다.**

아주 어린 아이들의 경우에도 먹을 것을 보면 조금 더 큰 것, 개수가 많은 것을 본능적으로 가지려고 하는 것을 볼 수 있습니다. 이것을 통해 어린 아이들도 수학적

감각을 가지고 있다는 것을 알 수 있습니다. 이처럼 누구나 수학적 감각을 가지고 태어나는데 왜 수학을 싫어하는 사람들이 훨씬 많을까요? 그 이유는 수학이 생활 속에서 꼭 필요한 것임을 알지 못하고 단지 공식을 외워 어려운 문제를 푸는 방법으로 수학을 배웠기 때문입니다. **아이의 타고난 수학적 감각을 깨워주고 즐겁게 수학을 사용할 수 있도록 돕는 것이 바로 부모의 역할이라고 할 수 있습니다.**

시장에 가서 물건을 살 때, 아이와 함께 살 물건과 개수를 의논해 보세요. 시장에 가서는 무엇부터 사야 할지를 아이와 이야기해 보세요. 집 안 청소나 정리를 할 때도 아이와 일을 분담해서 할 일의 순서를 알려주는 일도 좋은 수학 경험이 됩니다. 시계를 보면서 "7시 정각이 되면 밥을 먹도록 하자. 아직 10분이 남았네"라고 이야기해주면 시간에 대한 개념과 시계 보는 법을 자연스럽게 터득하게 됩니다. **수학이란 이처럼 생활 속에서 알려주고 깨닫고 행할 때 가장 쉽게 익히게 된답니다.**

왜 구구단이지?

곱셈구구의 시작은 "이일은 이, 이이 사"로 시작되는 2단이다. 그렇다면 구구단이 아니라 이이단이라고 불러야 하지 않았을까요?

곱셈에 대한 법칙을 일목요연하게 정리한 구구법은 오래전에는 귀족들만이 독점했던 지식이었습니다. 이 방법은 매우 유용했으므로 귀족들은 일반 서민층에게 구구단을 절대 누설해서는 안 된다고 믿었기 때문에 이 비밀을 유지하기 위해 이 순서를 거꾸로 외워 구구단을 일부러 어렵게 만들었습니다. 즉, 마지막인 '구구 팔십일, 구팔 칠십이'와 같이 외웠기 때문에 오늘날 그 이름을 구구단이라고 하게 된 것입니다.

출처: 이광연(2004). 또 웃기는 수학이지 뭐야!. 경문사.

아르키메데스의 죽음

아르키메데스는 기원전 287년 이탈리아 건너편에 있는 시칠리아 섬에서 태어났으며 평생을 철학과 수학 연구에 전념했다고 합니다. 유명한 순금 왕관에 대한 일화가 있지요. 목욕을 하려고 욕조에 들어간 아르키메데스는 물이 넘치는 것과 물 속에서 몸이 가벼워지는 것을 느끼고 '액체 속에 있는 물체는 그 물체가 밀어낸 액체의 무게만큼의 부력을 받는다'는 원리를 발견한 것입니다. 해결 방법을 알아낸 아르키메데스는 너무 기쁜 나머지 "유레카!(알았다)"를 외치며 맨몸으로 밖으로 달려나갔다고 하지요.

세월이 흐른 어느 날, 로마군이 쳐들어온 시라쿠사 섬에서 한 로마병사가 어느 집에 쳐들어갔는데 한 노인이 모래땅에 원을 그려놓고 무언가를 골똘히 생각하고 있었답니다. 로마병사가 원을 밟고 지나가자 노인은 큰 소리로 "그 원을 밟지 말아라!"고 호통을 쳤습니다. 화가 난 병사가 노인을 창으로 찔러 죽였는데 그가 바로 위대한 수학자 아르키메데스였습니다. 로마 장군 마르켈루스가 시라쿠사 섬을 공격할 때 "위대한 수학자 아르키메데스는 절대로 죽이지 말라"고 했는데 이 로마병사가 누군지 몰라 엄청난 실수를 저지르고 만 것이었습니다.

2. 수학은 연산만 잘하면 된다? NO!

"수학은 계산이 전부가 아니에요!"

부모들 세대에서는 초등학교에서 '수학' 대신 '산수'라는 과목으로 배웠습니다. 그래서 연산을 빨리하거나 암산을 잘해야 수학을 잘한다고 믿게 된 것 같습니다. 하지만 연산능력과 수학적 능력을 같다고 보는 것은 잘못된 인식이랍니다. 자, 그렇다면 산수와 수학은 어떤 차이가 있을까요?

'산수'는 사전을 찾아보면 '수의 성질, 셈의 기초, 초보적인 기하'를 배우는 학문이라고 나와 있습니다. 그러나 수학은 '수량 및 공간의 성질에 관하여 연구하는 학문으로 대수학, 기하학, 해석학 및 이를 응용하는 학문을 통틀어 이르는 말'입니다.

즉, 수학은 산수(수와 계산)뿐 아니라 측정, 기하, 통계, 확률, 문제해결까지 포함하는 폭넓은 학문의 영역이랍니다. 따라서 수학은 종이와 연필만을 가지고 계산하는 데서 그치는 것이 아니라, 생활 속 문제를 해결하기 위해 다양한 방법을 활용해 보는 데 필요한 사고과정, 즉 수학적 사고력을 기르는 교과목입니다.

3. 유아에게 수학을 가르치려면 값비싼 교구가 있어야 한다? NO!

"집 안에서 쉽게 구할 수 있는 것들이 최고의 수학교재랍니다."

부모들의 자녀사랑은 끝이 없습니다. 자녀가 태어나기 전부터 여러 물품을 사는 것을 시작으로, 각 연령에 맞는 장난감, 책 등을 사는 데 돈을 아끼지 않습니다. 특히 인지발달이나 두뇌발달에 좋다고 하면 비싼 교재나 교구를 조금은 과하다 싶을 정도로 사주는 것을 보게 됩니다. 하지만 부모님의 기대처럼 좀 더 비싼 교재교구일수록, 더 많이 살수록 자녀가 수학을 좋아하게 될까요?

정답은 "그렇지 않다"입니다. 오히려 비싸고 많은 교구는 수학과 자연스럽게 만나는 것을 방해하고, 책이나 장난감이 없으면 제대로 놀지 못하는 '장난감 의존아'나 '장난감 중독아'로 자라게 하기도 합니다. 물론 어린 유아들일수록 직접 만지는 구체적인 교구가 필요한 것은 사실이지만, 주변에서 쉽게 구할 수 있는 일상물들이 훨씬 유용하게 사용될 수 있습니다.

예를 들어 종이상자의 모양을 잘라 몇 개의 네모로 이루어져 있는지를 알아보거나, 쓰여진 숫자만큼 이쑤시개를 꽂아보거나, 수박씨, 키위씨 등 각종 열매와 씨앗의 크기와 모양을 비교해 볼 수도 있습니다. 요구르트 병이나 음료수 용기에 물을 담아 어떤 병에 더 많은 물이 들어갈지 예측하며 양을 측정하는 활동을 할 수도 있습니다. 피자상자나 계란박스, 아이스크림 막대나 바닷가에 놀러가서 주운 돌이나 조개, 페트병 뚜껑도 훌륭한 수학교재가 될 수 있다는 것입니다!

마라톤 선수와 물

마라톤 선수는 장거리를 뛰기 위해서 많은 에너지가 필요합니다. 마라톤을 할 때 체온은 1분에 0.17도(℃)씩 증가한다고 합니다. 그렇다면 30분이 지나면 체온은 42도가 된다고 할 때, 선수는 어떻게 해야 체온이 올라가는 것을 막을 수 있을까요? 바로 땀을 흘리는 방법인데 몸이 계속 땀을 흘리기 위해서는 10분에 약 0.2L 정도 물을 마셔 주어야 한다고 합니다. 우리나라 이봉주 선수의 경우 2001년 4월 16일 제 105회 보스턴 마라톤 대회에서 42.195km를 2시간 9분 43초의 기록으로 달려 51년 만에 우승하였습니다. 이봉주 선수는 이때 얼마만큼의 물을 마셨을까요?
사람의 몸은 1도 올라가는 데 땀을 흘리지 않으므로, 약 6분 동안은 물을 소모하지 않습니다. 그래서 이봉주 선수의 전체 달린 시간 129분 43초에서 6분을 뺀 120분의 물 소비량을 계산해 보면 대략 2.4L가 된다고 합니다.

병마개의 톱니수가 21개인 이유는?

우리가 흔히 볼 수 있는 병마개의 톱니 수를 세어보면 크기에 상관없이 21개임을 알 수 있습니다. 이는 1892년 미국의 농부인 페인타 부부가 발명한 것으로 이후 한 번도 모양이나 톱니 수가 바뀌지 않았는데, 이는 수학적인 계산에 의한 것이라고 합니다. 삼각형의 꼭짓점을 찍어서 톱니는 만들었는데 이것이 일곱 번인 21개의 톱니로 이루어졌습니다. 삼각형의 세 꼭짓점은 가장 안정된 중심이며 21개가 톱니수가 되었을 때 가장 병 속의 내용물이나 공기가 새지 않으면서도 병을 딸 때도 가장 적당하다고 합니다. 이러한 원칙과 계산으로 만들어진 병마개 덕분에 우리는 안전하고도 시원한 음료를 즐기게 된 것입니다.

출처: cafe.naver.com/gugly

4. 계산기는 머리를 녹슬게 할 것이다? NO!

계산기도 잘 쓰면 좋다구요.

많은 부모나 교육자들은 오랫동안 수학 교육에서 계산기 사용을 금지하여 왔습니다. 그 이유는 계산기를 사용하여 계산을 하면 기본적인 수학적 지식과 절차를 숙달하지 못하며 수학적 지능이나 계산 능력에 도움이 안 될 것이라고 생각했기 때문입니다. 그러나 최근의 연구 결과에 따르면, 수학 수업에 계산기를 사용했을 때 오히려 수학적 성취가 향상되고, 수학에 대한 자신감이 증가한 것으로 나타났다고 합니다. 계산기의 큰 장점은 바로 내 마음대로 숫자를 만들 수 있고, 아무리 큰 수라도 더하고 빼고를 자유롭게 해볼 수 있다는 점입니다. 계산기의 숫자를 마음대로 눌러 다양한 숫자로 만들어 보고 숫자를 더해보고 빼보면서 숫자에 익숙해지게 되는 것입니다. 또한 계산기를 사용하면서 문제를 해결하는 데 필요한 시간을 절약함으로써 좀 더 의미 있는 주제를 탐구할 수 있게 되었다고 합니다. 문제는 계산기를 사용하는지 안 하는지가 중요한 것이 아니라 수학이 얼마나 재미있는지를 경험하여 '생각하고자 하는 동기와 생각하는 힘'을 기르는 것이라 할 수 있습니다.

계산기를 가지고 놀아볼까요?

1. 내 숫자 만들기

계산기에 있는 숫자 단추를 찾아서 눌러보고 소리 내어 읽어보세요.
아이의 나이나 전화번호, 생일 등을 눌러서 화면에 나타내 보면 재미있습니다.

2. 똑같이 만들어보기

두 개의 계산기를 가지고 한 명이 숫자를 만들고 똑같이 만들어보는 놀이입니다. 주변의 숫자랑 똑같은 숫자도 만들어 볼 수 있습니다.

3. 자동계산 놀이

더하기를 하고 나온 수를 소리 내어 읽어봅니다.
1을 누르고 +를 눌러보세요.
그리고 다시 +를 누르면 자동으로 같은 수를 더한 숫자로 자동으로 바뀌게 됩니다. 2씩 더하거나 3씩 더해보면서 자동계산도 되고 배수의 개념도 익힐 수 있습니다. 큰 수도 더해보고 빼볼 수 있습니다.

세상에서 가장 아름다운 황금비

황금비란 사람의 눈에 가장 편안하고 아름답게 느껴지는 비율을 말합니다. 이는 가로와 세로의 비가 1 : 1.618이라고 합니다. 꽃잎의 모양이나 꽃과 잎의 배치, 조개나 소라, 비너스의 조각상, 그리스 아테네의 신전 등이 바로 이 황금비율을 가지고 있습니다. 이 자연의 비율을 처음 발견한 사람은 '피타고라스의 정리'로 유명한 피타고라스였답니다.

출처: 강미선(2006). 행복한 수학 초등학교. 휴먼어린이.

5. 유아의 수학에 대한 태도는 부모의 태도와 관련이 있다? YES!

"엄마, 학습지 꼭 지금 해야 돼?"
"얘 좀 봐, 너 그렇게 학습지 푸는 거 지겨워하면 초등학교 가서 고생한다."

"아빠, 나 수학 잘하지? 더하기 빼기 손가락으로 할 수 있다!"
"수학은 점점 더 어려워져. 아직도 손가락 쓰면 나중에 어떻게 할 꺼니?"

"수학문제 그만 풀면 안 돼?"
"너, 오늘 3장 다 못 풀면 내일은 6장 풀어야 돼! 알았어?"

일상생활 속에서 흔히 있을 수 있는 대화입니다. 이런 분위기라면 '수학을 좋아하는 아이'로 키우려는 부모의 기대와 다른 결과가 나타날 수 있습니다. 많은 양의 수학문제를 푸는 것은 아이로 하여금 수학은 따분한 것, 지루한 것, 어려운 것이라고 인식하게 합니다. 나아가 '수학, 너만 없었으면!' 하면서 수학과 재미있게 놀 기회를 잃게 합니다. 학습지를 자꾸 풀게 하기보다 생활 속에서 이런 대화는 어떨까요?

"엄마가 지금 유부초밥 만들었어. 우리 식구가 먹으려면 이 정도면 되겠니?"
"엄마, 나 배고파요. 전 다섯 개 먹을래요."
"그래? 그럼 지금보다 몇 개나 더 만들어야 되니?"

"엄마, 우리 어디까지 가는 거예요?"
"사당역까지 갈 거야. 여기서 출발했으니 몇 정거장을 가야 할까?"
"하나, 둘, 셋, 넷……. 아홉 정거장이에요!"

"엄마, 뭐하세요?"
"재활용품 버리는 날이라서 정리하고 있어. 같은 것끼리 모아주겠니?"
"병은 병끼리, 플라스틱 통은 플라스틱 통끼리, 캔은 캔끼리, 종이는 종이끼리 모으면 되죠?"

부모의 이 말 한 마디에 아이는 이미 수학을 경험하고 문제를 해결하고 있습니다. 자녀에게 수학문제를 풀게 하는 것보다 이처럼 생활 속에서 부딪히는 문제를 함께 해결하는 것이 가장 최선의 수학교육입니다. 아이들에게 있어서 학습위주의 강압적이고 단순 반복적인 수학이 '불량식품'이라면, 생활 속에서 경험하게 되는 다양한 문제 상황들을 수학적으로 접근하는 과정은 '유기농 음식'이라고 할 수 있을 것입니다.

정주영 회장의 수학적 사고

현대건설 고故 정주영 회장이 서산 간척지 공사를 맡아서 할 때의 일화입니다. 6,400미터의 둑을 쌓고 바다를 메워 땅으로 만드는 엄청난 공사였습니다. 그런데 둑 공사를 하던 중 한가운데 300미터 가량을 쌓지 못한 채 중단되고 말았습니다. 폭이 좁아진 틈 사이로 바닷물이 드나들다 보니 물살이 거세진 것이었습니다. 공사 진행이 불가능해진 상황에서 정주영 회상은 한동안 고민에 빠졌습니다. 어느 날 현대 유조선 사진을 보던 정 회장은 유조선의 길이가 300미터임을 깨닫게 됩니다. 수명이 다 된 유조선을 끌고와서 300미터를 막자는 아이디어를 냈으나 주변사람들은 말도 안된다면서 반대하였습니다. 그러나 반대에도 아랑곳하지 않고 망가진 유조선을 끌고 와 남은 틈을 막았고 마지막 작업을 완성해 간척지를 만들었습니다.

정주영 회장의 수학적 사고 덕분에 서산 간척지 공사를 성공적으로 마무리 할 수 있었던 것입니다. '못해서 안 하는 게 아니라 안 하니까 못하는 것'이라는 유명한 말은 정주영 회장의 신념을 잘 나타내준답니다.

출처: 김현태(2007). 부자수업. 청림아이

소주의 판매전략

한국인에게 가장 친근한 주류인 소주의 양은 어떻게 정해진 걸까요? 소주 1병은 360ml로 소주잔에 따르면 7잔 정도가 나옵니다. 따라서 소주 1병을 두 사람이 나눠 마시면 3잔씩 마시고 1잔이 남고, 3명이 나눠 마시면 2잔씩 마시고 1잔이 남습니다. 4명이 나눠 마신다면 2잔씩 마시기에 1잔이 부족합니다. 즉, 7은 소수(1과 자신만이 약수인 수)이기 때문입니다. 소수는 영어로 prime number라고 하는데, 여기서 prime은 '중요한'이라는 뜻이 있습니다. 따라서 스포츠 선수들 중에서는 소수를 자신의 등번호로 선택하는 경우도 있습니다. 최희섭 19번, 안정환 19번, 박찬호 61번, 마이클조던 23번 등이 그 예가 될 수 있습니다.

출처: 박경미(2007). 수학비타민. 랜덤하우스코리아.

2 유아교육기관에서의 수학교육은?

"유아교육기관에서의 '수학'은 모든 영역에서 모든 활동에서 모든 생활 속에서 이루어지고 있지요."

"유치원에 왜 보내냐구요? 그냥……. 친구들 사귀는 경험이 필요하니까 보내죠."

"유치원에서 솔직히 너무 노는 것 같아요. 가끔 가서 보면 소꿉놀이 많이 하는 것 같고……. 간식 먹고 오는 것 같아요."

"공부를 좀 더 시켜줬으면 좋겠어요. 장난감 가지고 놀다가 정리하고 끝나는 것 같아요."

자녀가 유아교육기관에 입학하게 되면 부모들은 가정과 다른 기관에서 자녀가 무엇을 하며 어떻게 보내는지를 궁금해 합니다. 그리고 많은 부모님들이 유치원에서 자녀가 놀기만 하는 것 같아 걱정하기도 합니다. 그러나 **유치원에서의 놀이가 바로 아이들에게 생활이며 최상의 학습 방법이며 과정이랍니다.** 소꿉놀이를 하면서 아이들은 그 영역에 몇 명이 들어가야 할지를 배웁니다. 누가 어떤 역할을 할지 정해야 하고, 규칙을 스스로 만듭니다. 놀이시간이 끝나고 정리하면서 어디에 어떤 것들을 어떤 순서로 정해야 할지 고민하게 되는데, 이 역시 중요한 경험이자 학습인 것입니다.

수학교육은 유아교육기관에서 생활하는 매 순간 이루어집니다. 아침에 등원해서 선생님께 인사하고 자기의 신발을 나란히 신발장 안에 넣습니다. 교실로 와서 친구와 반갑게 인사하며 하루일과표를 보며 오늘 하루를 무엇을 하며 어떤 순서로 보내게 되는지를 이해하게 됩니다. 자유선택 활동시간에는 어떤 활동을 할지 계획하고, 간식을 여러 친구와 함께 똑같이 나누어 먹으며, 시간이 되면 바깥놀이를 나가게 됩니다. 한 줄로 서서 차례차례 한 명씩 손을 씻는 그 순간에도 수학학습은 이루어집니다.

유치원(어린이집)에서의 수학학습

유아교육기관에서는 유아들이 하루 일과 중에 놀이를 통해 선생님, 친구들과 상호작용하며 자연스럽게 다양한 수학적 개념을 배웁니다.

등원하며

유아: 선생님 이 친구는 여기 5월을 벌써 다 찍어놓았어요. 하루에 1개씩만 해야 하는데…….

교사: ○○야, 오늘은 몇 월 몇 일일까? 5월 3일이니까, 어떤 수를 찍을까?

유아: 여기(5를 가리키며) 하고 여기(3을 가리키며)요.

계획하기

교사: 오늘 우리가 할 놀이 순서를 알아볼까?

유아: 자유선택놀이 먼저 해요.

교사: 그 다음에는

유아들: 정리하고, 그 다음에 간식 먹고, 그 다음에 바깥놀이, 그 다음에는 점심 먹고...

좋아하는 나무 조사하기 수학활동

교 사: 자기가 좋아하는 나무를 그려보고 우리 반 친구들이 가장 좋아하는 나무를 알아보기로 했지? 한 사람씩 그린 것을 보여주고 이야기해볼까?

유아1: 난 소나무예요.

유아2: 난 감나무를 좋아해요. 감이 맛있으니까요.

유아3: 난 단풍나무. 색깔이 예뻐요.

유아2: 은행나무를 좋아하는 사람은 없네.

교 사: 이 그래프에 있는 자기가 좋아하는 나무 이름 위에 한 칸씩 색을 칠해볼까? 어느 나무를 가장 많은 사람이 좋아하니? 어느 나무가 가장 적니? 소나무를 좋아하는 사람이 감나무를 좋아하는 사람보다 몇 명이 더 많니?

역할놀이영역에서

유아1: 이거 주스 이천 원에 사세요. 이천 미리에요(2000mL).

교 사: 너무 비싼데, 좀 싸게 팔면 안 돼요?

유아1: 이거 싼 거예요. 그럼 저기 작은 거 사요. 그건 천 원이에요. 그건 천 미리(1000mL)예요.

01 수학을 배우는 이유

"유아기 수학교육의 목적은 공식의 암기와 적용력이 아니라 수학적 태도와 사고력을 기르는 것이랍니다."

유아기의 수학교육의 목표는 수학적 지식을 기르는 것이 아니라, 태도나 성향을 기르는 것이 우선입니다. 빠른 계산력이 아니라 문제를 해결하는 사고력과 수학을 즐기고 탐구하려는 태도 등을 기르는 것이 목표입니다. 즉 생활 속에서 수학을 활용할 수 있는 실천적 힘을 기르는 것이 목적입니다. 이를 위해서 유아 자신에게 친숙하고 의미 있는 실제상황에서 다양한 놀이를 통해 수학적 사고를 키우고 합리적으로 문제를 해결하도록 돕습니다. 유아교육기관에서의 수학교육의 목적은 다음과 같습니다.

첫째, 수학적 감각을 기르도록 한다.

주변을 탐색하고 놀이하면서 부딪히는 문제를 해결하는 과정에서 수학을 사용하고 학습함으로써 수학적 감각을 기르는 것입니다. 유아들이 생활 속의 문제를 해결하고자 적극적으로 다양한 방법을 알아보는 태도를 보이도록 하는 것이 유아기 수학교육의 목표입니다.

둘째, 수학을 즐기는 탐구적 태도를 기른다.

일상의 사소한 것들을 그냥 보지 않고 "왜 그럴까?"를 생각하는 탐구적 태도가 바로 수학입니다. 유아들이 질문을 스스로 하고 이를 해결하기 위해서 주변 사물을 관찰하고 탐색하는 태도가 바로 수학의 시작입니다.

셋째, 수학의 소중함과 가치를 안다.

우리가 쓰는 모든 것, 자연의 모든 것이 수학 법칙에서 존재하고 숨 쉬고 생활한다는 것을 앎으로써 수학을 소중하고 가치있게 인식하게 됩니다.

유치원(어린이집)에서의 수학교육내용

출처: 교육과학기술부(2007). 유치원 교육과정.

2007년 개정 유치원 교육과정

〈표 1- 탐구생활영역 중 수학의 기초능력 기르기〉

<table>
<tr><th>내용</th><th>I</th><th>II</th></tr>
<tr><td rowspan="4">수 감각 기르기</td><td colspan="2">• 생활 속에서 사용되는 수의 여러 가지 의미를 안다.</td></tr>
<tr><td colspan="2">• 생활 속에서 수량의 많고 적음을 비교한다.</td></tr>
<tr><td rowspan="2">• 주변의 물체를 10까지 세고 숫자와 연결해본다.</td><td>• 생활 속에서 익숙한 큰 수를 세는 경험을 한다.</td></tr>
<tr><td>• 구체물을 가지고 더하고 빼는 경험을 해본다.</td></tr>
<tr><td rowspan="4">공간 및 도형에 대해 알아보기</td><td>• 나를 중심으로 위, 아래, 앞, 뒤, 옆을 알아본다.</td><td>• 위치나 경로를 여러 가지 방법으로 나타내본다.</td></tr>
<tr><td rowspan="3">• 기본 입체(둥근 기둥, 상자, 공 모양 등) 및 평면 도형(세모, 네모, 동그라미 등)의 생김새를 구별하고 이름을 알아본다.</td><td>• 기본 입체 및 평면 도형의 특징을 알아본다.</td></tr>
<tr><td>• 기본 평면 도형을 합하거나 나누어서 여러 가지 모양을 구성해 본다.</td></tr>
<tr><td>• 그림을 보고 구성물을 만들거나 만든 구성물을 그려 본다.</td></tr>
<tr><td rowspan="3">기초적인 측정 해보기</td><td colspan="2">• 주변 물체의 여러 가지 측정 가능한 속성(길이, 크기, 무게, 들이, 시간)을 탐색한다.</td></tr>
<tr><td>• 두 물체의 길이와 크기를 비교하고 말한다.</td><td>• 길이, 크기, 무게, 들이를 비교하고 순서 지어 본다.</td></tr>
<tr><td>• 임의 측정(손 뼘, 블록 등) 단위에 관심을 둔다.</td><td>• 임의 측정 단위를 사용해서 길이, 들이 등의 측정 경험을 한다.</td></tr>
<tr><td>규칙성 이해하기</td><td>• 여러 가지 물체나 무늬의 배열에서 단순하게 반복되는 규칙을 찾아본다.</td><td>• 생활 주변에서 반복되는 규칙을 알고 다음에 올 것을 예측해 본다.</td></tr>
<tr><td rowspan="2">자료 정리 및 결과 나타내기</td><td>• 한 가지 기준에 따라 자료를 분류하고 설명한다.</td><td>• 처음에 분류한 기준과 다른 기준으로 다시 분류한다.</td></tr>
<tr><td>• 여러 가지 자료를 모으고 비교해 본다.</td><td>• 모은 자료를 다양한 방법으로 나타내 본다.</td></tr>
</table>

02 수학, 어떤 걸 배울까?

- **수 감각 기르기**
  수에 대한 친숙함과 더불어 생활 속 수의 의미, 수의 관계에 대한 이해
- **공간 및 도형에 대해 알기**
  자기 주위의 상황과 물체에 대한 직감 갖기
- **기초적인 측정해보기**
  측정하는 과정에 대한 직관력 기르기
- **규칙성 이해하기**
  반복되는 규칙을 알고 이를 설명하거나 만들기
- **자료 정리 및 결과 나타내기**
  수집한 자료들을 기준을 정해 분류하고 그 결과 표상하기

"유아교육과정에 근거한 유아 수학교육의 내용은 수 감각, 공간 및 도형, 기초적인 측정, 규칙성 이해, 자료 정리 및 결과 나타내기입니다."

유아교육기관의 유아수학교육 목표는 현대 사회를 살아가려면 필요한 수학적 소양을 기르는 데 있습니다. 이에 따라 유아기 수학교육은 생활 속에 의미 있는 상황들로부터 수학의 기본 개념을 습득하고 규칙과 논리를 구성해가는 경험을 통해 자신의 비형식적 수학을 보완하고 심화시키는 데 중점을 둡니다. 유아수학교육의 내용은 유아의 생활 속 문제를 해결하기 위한 **'생각하는 힘'**을 기르는 것이 목적이며 내용입니다.

2007년 개정 유아교육과정에서 수학교육 내용을 살펴보면, 수 감각 기르기, 공간 및 도형에 대해 알아보기, 기초적인 측정해 보기, 규칙성 이해하기, 자료 정리 및 결과 나타내기 등 크게 다섯 가지로 나누어 볼 수 있습니다.

이를 위해서 유아교육기관에서는 수학 내용이 담긴 그림책, 그룹게임, 교재나 교구들을 사용할 뿐만 아니라 인사 나누기, 하루 계획하기, 정리하기, 줄서기, 간식

먹기 등 유아가 지내는 생활 속에서 다양한 방법으로 수학을 경험하도록 하고 있습니다. 다음은 유아교육기관 교육과정에서 다루어지는 수학교육의 내용과 생활 속에서의 수학 활동 실제 예입니다.

동화 속에 숨겨진 수학

헨젤과 그레텔에 등장하는 마음씨 고약한 새엄마는 먹고 살기가 힘들다며 아이들을 숲 속에 버리자고 아빠에게 조릅니다. 첫닭이 울자 새엄마와 아빠는 헨젤과 그레텔을 숲 속으로 데리고 갔지요. 눈치 빠른 오빠 헨젤은 전날 밤에 몰래 주머니에 숨겨둔 조약돌을 하나씩 떨어뜨리며 걸었지요. 한참을 걷다가 점심때가 되자 새엄마와 아빠는 빵을 하나씩 주며 나무를 하러 갔다 올 테니 잠시 기다리라고 하고는 사라집니다. 하지만 저녁이 되자 헨젤과 그레텔은 달빛을 받아 반짝이는 조약돌을 따라 집으로 무사히 돌아왔답니다. (중략)

➔ 여기서 헨젤과 그레텔은 첫닭이 울 때 집을 출발해서 점심때까지 걸었다고 했습니다. 그렇다면 걸은 시간을 대략 5시간을 가정하고, 아이들이 숲에서 걷는 속도를 감안하면 대략 한 시간에 2km를 걸었다고 가정합니다.
그렇다면 이동한 거리는 대략 10km가 됩니다. 5m에 하나씩 조약돌을 떨어뜨린다고 해도 약 1천 개의 조약돌이 필요합니다. 전날 밤 헨젤은 그 작은 주머니에 조약돌을 1천 개나 숨겨 놓았어야 합니다. 수학적으로 볼 때 과연 가능한 이야기일까요?

출처: 부산일보, 2008. 2. 26

비오는 날에 대한 이야기

- 도시에서는 월요일보다 토요일에 비가 22% 더 내립니다. 이는 주중 공해 물질이 대기 중에 축적되었다가 주말에 쏟아져 내리는 것이랍니다.
- 1975~2000년 미국에서 일어난 교통사고 43만 건을 분석한 결과 화창한 바로 다음날 비가 왔을 때 치명적인 교통사고였다고 합니다. 이는 쌓인 기름과 이물질이 한꺼번에 길 위로 쏟아져 길이 미끄러웠기 때문이라고 합니다.

출처: 조선일보, 2008. 6. 26

03 수학교육, 어떻게 하고 있나?

유아교육기관에서의 수학교육은 유아중심으로 이루어집니다. 교사가 주도적으로 이끌어나가는 수학교육은 바람직하지 못하며, 유아가 능동적으로 자신의 발달과 흥미에 맞게 수학활동에 참여할 때 진정한 의미의 학습이 이루어집니다.

또 하나! 수학교육은 특정 영역에서만 특정 시간에 이루어지는 것이 아니라, 모든 영역에서 통합적으로 이루어지며, 일과를 통해 풍부하고 생동감 있게 수학을 배울 때 효과적입니다.

1) 하루일과 속에서 배워요.

유아교육기관의 하루일과 속에서 자연스럽게 수학적 대화와 행동을 격려합니다. 유아들은 유아교육기관에 등원하여 인사를 나눈 다음 하루 일과표를 보고 하루일과를 이해합니다. 달력을 통해 몇 월, 몇 일, 무슨 요일인지를 알아보고, 시계를 보면서 다음 일과를 알아보고 시간개념을 터득합니다. 간식을 먹을 때는 어떤 것을 몇 개씩 먹어야 하는지 알게 되고, 다 먹은 다음에는 그릇과 컵, 포크 등을 각각 정리합니다. 이러한 일과가 유아에게는 훌륭한 수학적 개념을 자연스럽게 이해하도록 돕습니다.

2) 다양한 교구를 가지고 놀아요.

수학영역에는 수학활동을 하기에 도움을 주는 여러 가지 교재와 교구들이 있습니다. 숟가락으로 콩을 개수만큼 가져가거나, 여러 가지 도형을 모양에 맞게 꽂는 교구도 있습니다. 저울이나 자를 이용해 측정하기도 하고, 다양한 모양을 만들어 보는 장난감도 있습니다. 친구와 함께 주사위를 던지고 나온 수만큼 말을 이동하여 도착지에 도달하는 그룹게임 활동을 통해 순서와 수개념 등을 익힐 수 있습니다.

3) 생활주제에 따른 통합교육이 이루어져요.

유아교육기관에서는 수학을 활용하여 문제를 해결할 수 있는 적절한 경험과 환경을 제공합니다. 유아교육기관에서는 이를 위하여 흥미영역, 대집단활동, 그룹게임, 음악, 바깥놀이, 동화 듣기, 동작표현, 컴퓨터 등 다양한 방법을 통하여 유아에게 수학학습 기회를 제공하고 있습니다. 이는 생활주제에 따라 각 영역이 유기적으로 통합될 수 있도록 계획하여 유아가 주도적으로 활동할 수 있도록 하는 것이 바람직합니다.

"숫자"를 주제로 이런 활동을 해요

숫 자

이야기 나누기
- 숫자를 찾을 수 있어요
- 숫자가 나타내는 것은?
- 내가 알고 있는 숫자가 있어요
- 내가 좋아하는 숫자는요
- 숫자가 꼭 필요한 물건이 있어요
- 숫자는 여러 모양이 있대요

수/ 조작
- 100을 모아 비교해보아요
- 몇 개쯤일까?
- 10개보다 많아요, 적어요
- 동물들의 키 재기
- 제비가 몇 마리 돌아왔을까?
- 크기대로 개구리
- 동전을 10개씩 모아요
- 숫자만큼 물건을 쌓아서 비교해요

언어
- 숫자만으로 문장을 만들어요
- 생활 속 숫자를 읽어봐요.
- '5, 10, 20 단위로 수를 읽어요'

동화/동시
- 무엇이 두 개(세 개, 네 개…)?
- 숫자 놀이터
- 숫자 따라 1, 2, 3
- 숫자를 찾아라
- 숫자
- 이상한 나라의 숫자들

음률 및 게임
- 숫자노래
- 내 몸으로 만든 숫자?
- 친구랑 숫자를 만들어요
- 제일 작은 숫자를 찾아서…

과학
- 리모콘을 살펴봐요
- 물을 받아 손을 씻으면 얼마나 절약이 될까

역할/쌓기
- 숫자 만큼 개수를 쌓아요
- 블록으로 숫자를 만들어요
- 시장놀이
  - 돈에 있는 숫자는 얼마?
  - 물건에 있는 숫자는?
  - 가장 비싼 물건에 쓰여 있는 숫자는 몇 개?
  - 가격표에 있는 숫자 중 가장 큰 숫자는?

조형
- 내가 숫자를 만든다면?
- 로마 숫자를 만들어요

인체에 대한 재미있는 통계 I

- 사람은 하루 8시간씩 70년 산다고 했을 때 평생 잠을 25년 잡니다.
- 피가 우리 몸을 완전히 한 바퀴 도는 데는 46초가 걸립니다.
- 눈을 한 번 깜빡이는 데 걸리는 시간은 1/40초입니다.
- 갓난아기는 305개의 뼈를 가지고 태어나는데 크면서 뼈가 합쳐져서 206개로 줄어듭니다. 성인이 가진 근육 수는 650개이고, 관절은 100개입니다.
- 눈의 근육은 하루 동안에 약 100,000번 움직입니다.
- 재채기하는 속도는 시속 160km 정도인데 자동차만큼 빠르답니다.
- 뇌는 몸무게의 2%밖에 안 되지만, 사용하는 산소의 양은 20%이고 피는 15%를 씁니다.
- 혈관을 한 줄로 이으면 112,000km로써 지구를 두 번 반이나 도는 거리입니다.
- 한 사람이 살아있는 동안 심장 박동수는 2억 8천만 번이라고 합니다.
- 사람의 몸의 수분은 남자는 60%, 여자는 54%라고 합니다.
- 혈액 한 방울에는 500만 개의 적혈구, 50만 개의 혈소판, 7천 개의 백혈구 등이 들어 있다고 합니다.
- 태어난 지 1년 된 아기는 0.5리터의 혈액을 갖고 있고, 10세가 되면 2리터, 성인이 되면 약 5.7리터의 혈액을 가지고 있습니다.
- 사람이 평생 벗는 피부의 무게는 무려 48kg입니다.
- 사람의 키는 저녁때보다 아침에 0.8cm 더 크고 우리 발은 저녁에 가장 큽니다.
- 여성이 임신을 하면 피의 양이 25%가 증가합니다.
- 수명을 70이라고 보았을 때, 웃는 횟수는 54만 번이고, 음식물은 50,000kg을 먹습니다.
- 피는 물보다 진하다고 하는데 약 6배 진하다고 합니다.
- 어떤 사람의 코는 10,000가지의 다른 냄새를 인식할 수 있습니다.

출처: 예림당편집부(2005). 어린이 인체 백과. 예림당.

4) 유아의 질문에서도 수학교육이 시작돼요.

유아들은 천성적으로 호기심이 많고 주변의 모든 것을 궁금해 합니다. 유아교육기관에서 역시 선생님과 또래 친구들과 활동하면서 생기는 호기심은 또 다른 활동을 창출하기도 합니다. 가령 바깥놀이를 하다가 노란색 애기똥풀을 발견한 아이는 다른 자연물에서 노란색을 찾는 놀이를 하며 또 다른 놀이를 만들어냅니다.

숫자에 대한 동요를 부르던 아이들은 자연스럽게 "100이라는 숫자는 얼마나 클까?", "100살까지 사는 사람도 있을까?"라는 질문을 합니다. '100원짜리 동전 1개', '10살짜리 긴 초 10개', '쌀 100톨' 등 아이들은 숫자 '100'을 상징하는 다양한 물건들을 모아볼 수 있습니다. 이러한 아이들의 질문에 기반을 둔 활동은 말 그대로 자연스럽게 호기심을 충족시켜 주기에 유아의 수학활동에 적합한 활동이 될 수 있습니다.

유아가 능동적으로 스스로 해보는 놀이처럼 수학활동이 이루어질 때 유아들은 수학을 즐거워하며 재미있어 하게 됩니다. 나아가 수학을 실생활에서 찾아보고 문제를 해결해 봄으로써 합리적인 판단을 하는 성인으로 자라나게 됩니다.

수수께끼 유언

옛날에 수학을 좋아하는 1명의 상인이 17마리의 소를 남기고 죽었습니다.

그는 아들이 셋이었는데, 다음과 같이 수수께끼 유언을 남겼습니다.

'첫째는 전체의 18분의 7을 가지고, 둘째는 전체의 3분의 1을 가지고, 셋째는 그 나머지 중 4를 갖거라.'

하지만, 세 아들은 17마리의 소를 어떻게 18분의 7로 나누고, 3분의 1로 나누어 가질지 알 수 없어 답답하였습니다.

그때, 소 1마리를 끌고 지나가던 선비가 그들을 보고 '무슨 일이오?'하고 물었습니다. 그래서 그들은 아버지의 유언을 말해주었습니다.

선비는 단번에 소를 나누어 주었습니다. 어떻게 나누어 주었을까요?

방법은 의외로 간단합니다.

선비는 자기의 소를 17마리 소에 합쳐서 18마리가 되게 했습니다. 그 다음, '첫째는 7/18 만큼이니까 18마리 중에서 7마리를 첫째에게 주었습니다.

그리고 둘째는 전체의 1/3을 가지라고 했으니, (전체 = 18마리) 중에서 3분의 1인 6마리를 둘째에게 주었습니다. 그래서 남은 것은 18마리 − {7마리(첫째에게 준 소) + 6마리(둘째에게 준 소)} = 5마리였습니다. 셋째는 나머지 중 4마리를 가지라고 하였으니, 5−4 = 1, 1마리가 남습니다. 이 남은 1마리는 원래 소 1마리를 가지고 있던 선비가 가져갔습니다.

04 초등학교 수학, 어떻게 준비할까?

"초등학교 수학교육과정은 수와 연산, 도형, 측정, 확률과 통계 문자와 식, 규칙성과 함수랍니다."

자녀가 초등학교에 들어가게 되면 부모님들은 유아교육기관에 보낼 때와는 또 다른 긴장감을 경험하게 됩니다. 그 이유는 초등학교에는 여러 과목별 수업과 시험이 이루어지기 때문이지요. 특히 '수학'에 대해서는 '어떻게 해야 우리 아이가 수학을 잘할 수 있을까?' 하는 기대와 불안을 가지고 있습니다. 수학에 대한 다양한 궁금증을 정리해보면 주로 '수학은 어떤 내용이 있고, 또 어떻게 가르쳐야 할 것인가'에 대한 것이 대부분입니다. 초등학교에서 다루고 있는 수학교육의 내용과 방법에 대해 살펴보기 전에 우선 초등학교 수학교과의 성격과 목표 및 강조점에 대해 먼저 살펴보면 다음과 같습니다.

• 초등학교 수학 교과목의 성격

수학의 기본적인 개념, 원리, 법칙을 이해하고, 사물의 현상을 수학적으로 관찰하여 해석하는 능력을 기르며, 실생활의 여러 가지 문제를 논리적으로 사고하고 합리적으로 해결하는 능력과 태도를 기르는 과목입니다.

• **수학교육의 목표는?**

수학의 기본적인 지식과 기능을 습득하고 수학적으로 사고하는 능력을 길러, 실생활의 여러 가지 문제를 합리적으로 해결할 수 있는 능력과 태도를 기르는 것입니다.

• **수학교육의 강조점은?**

첫째, 아이들이 수학을 이해하고, 문제를 해결하는 능력을 키우고, **둘째**, 수학이 다른 과목과도 밀접한 관련이 있다는 사실을 이해하게 하며, **셋째**, 실생활의 상황을 이해하려면 수학이 반드시 필요하다는 것을 깨닫도록 돕는 것입니다.

• **초등학교 1학년 수학교육의 내용은?**

수와 연산, 도형, 측정, 확률과 통계, 문자와 식, 규칙성과 함수

나의 수학 학습 유형은?

아는데 답이 틀려요...

"문제는 푸는데 답이 안 나와요." 이 유형은 두뇌와 손이 따로 노는 유형으로, 손이 느리다면 수학문제를 풀 때 눈으로만 풀면 실수하기 쉬우므로 직접 여러 번 풀어본다. 또 생각하는 속도가 느리다면 문제의 지문을 꼼꼼히 밑줄 쳐 가면서 읽어보는 연습이 필요하다.

수학시험지만 받으면 덜덜덜...

"아는 문제인데 늘 실수로 틀려요." 이 유형은 시험볼 때 긴장을 많이 하는 형태이다. 시험점수에 대한 부담과 기대가 크면 떨리는 것은 당연하다. 욕심을 버리고 담담한 마음으로 푸는 것이 중요하다. 시험 전에 시험과 같은 유형의 문제를 여러 번 풀어보는 것이 좋다.

머리는 좋은데...

"머리는 좋은데 왜 수학은 못할까?" 이 유형은 지나치게 꼼꼼해서 한 문제에서 막히면 쉽게 다음 문제로 넘어가지를 못한다. 주어진 문제에서 문제를 풀려면 한 문제당 3분 이상 걸려서는 안 된다. 안 풀리면 얼른 다른 문제로 넘어가는 훈련을 하자.

배워서 뭐해?

"수학은 배워서 뭐하지?" 이 유형은 초등학교 때 수학을 이미 포기하고 덧셈과 뺄셈만 알면 살아갈 수 있다고 생각한다. 나아가 수학 혐오증을 갖게 되어 아예 관심이 없다. 일단 수학과 친해져야 하고 수학의 새로운 면을 발견하는 경험이 필요하다.

1) 초등학교 1학년 수학교육 내용

1 수와 연산

수와 연산영역에서는 자연수, 분수, 소수의 의미를 이해하고 읽고 쓸 수 있도록 하며, 자연수, 분수, 소수의 사칙계산과 혼합계산을 다룹니다. 특히, 초등학교 1학년에서는 100까지 수를 도입하여 자연수의 자릿값을 이해하고 읽고 쓸 수 있도록 합니다. 또한 한 자리 수의 덧셈과 뺄셈, 받아올림이 없는 두 수의 덧셈과 뺄셈을 다룹니다.

덧셈 알아보기

놀이터에서 남자 어린이 4명이 놀고 있는데 잠시 후 여자 어린이 3명이 놀러 왔습
니다.
모두 몇 명인지 알아보시오.

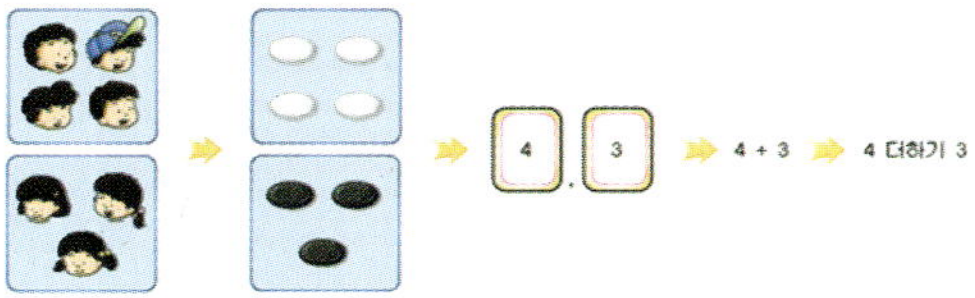

4와 3을 더하는 것을 '+'를 사용하여 '4 + 3'이라고 쓰고, '4 더하기 3'이라고 읽습니다.
어떤 두 수를 더하는 것을 덧셈이라고 하며, ' + '기호를 씁니다.

몇십 알아보기

(1) 곶감 10개씩 2묶음을 20이라고 합니다.
(2) 20은 이십 또는 스물이라고 읽습니다.

(1) 곶감 10개씩 3묶음을 30이라고 합니다.
(2) 30은 삼십 또는 서른이라고 읽습니다.

2 도형

도형영역에서는 평면 도형과 입체 도형의 구성요소와 성질, 밀기, 뒤집기, 돌리기 등을 이용한 도형의 이동, 3차원 도형과 2차원 표현 사이의 관계를 다룹니다. 초등학교 1학년에서는 실생활에서 쉽게 찾아볼 수 있는 물체에서 기본적인 입체 도형의 모양과 평면 도형의 모양을 인식하고 다양한 모양 만들기를 다룹니다.

여러 가지 모양 알아보기

교실과 집에서 상자 모양, 둥근 기둥 모양, 공 모양의 물건을 찾아봅시다.

※ 이 밖에도 다른 많은 물건들이 있을 수 있습니다.

3 측정

측정영역에서는 일상생활과 관련된 시각과 시간, 길이, 들이, 무게 등에 대한 것과 도형과 관련된 각도, 도형의 둘레, 넓이, 부피 등이 다루어집니다. 초등학교 1학년에서는 시계를 보고 몇 시, 몇 시 30분으로 시각 읽기와 직관에 의한 길이, 들이, 무게, 넓이 등 양의 비교를 다룹니다.

몇 시 30분인지 알아보기

(1) 긴 바늘이 숫자 6을 가리키는지 확인합니다.

(2) 짧은 바늘이 어떤 숫자 사이를 가리키는지 확인합니다.

(3) 짧은 바늘이 가리키는 숫자 중 작은 수를 택해 □시 30분으로 읽습니다.

(4) 단, 짧은 바늘이 12와 1 사이를 가리키고 있다면 12시 30분으로 읽습니다.

12시 30분 1시 30분 9시 30분 11시 30분

몇십 알아보기

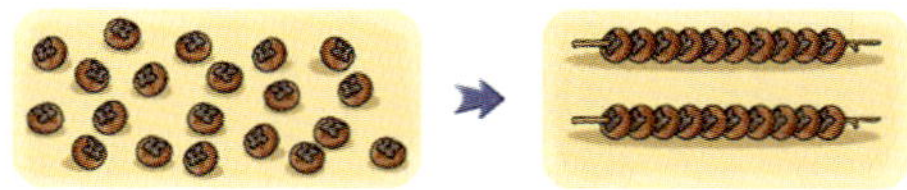

(1) 곶감 10개씩 2묶음을 20이라고 합니다.
(2) 20은 이십 또는 스물이라고 읽습니다.

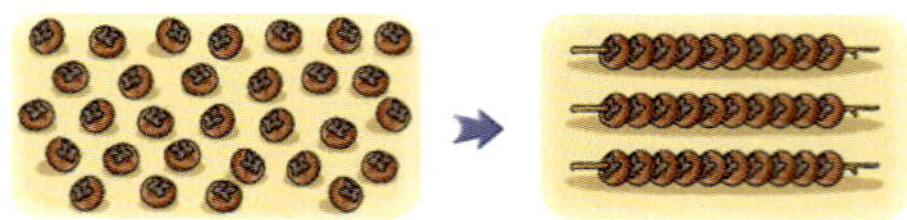

(1) 곶감 10개씩 3묶음을 30이라고 합니다.
(2) 30은 삼십 또는 서른이라고 읽습니다.

4 확률과 통계

확률과 통계 영역에서는 통계와 관련하여 문제 설정, 자료 수집, 자료의 분류와 정리, 자료 해석 등에 필요한 표와 그래프, 평균 등을 다르며, 확률과 관련하여 경우의 수의 의미와 이를 바탕으로 확률의 의미를 이해하고 간단한 사건에 대한 확률을 구하는 내용을 다룹니다. 초등학교 1학년에서는 사물을 간단한 기준에 따라 분류하는 것을 다룹니다.

한 가지 기준으로 조사하기

내 친구들이 좋아하는 과일을 조사해 봅시다.

친구들이 좋아하는 과일은 딸기, 포도, 사과, 귤이 있습니다.

영희네 반 어린이들이 달고 싶어하는 단추를 조사하였습니다

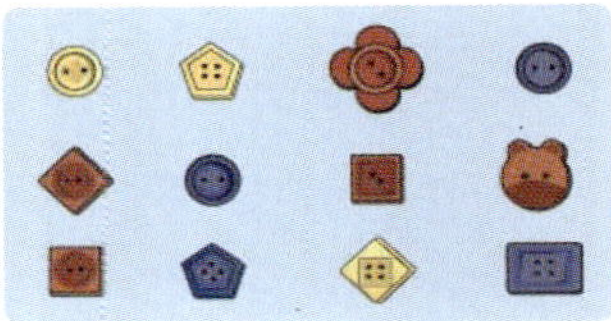

(1) 색깔에 따라 개수를 세어봅니다.

색 깔	파란색	노란색	갈색
개 수(개)	4	3	5

(2) 단추 구멍의 개수에 따라 개수를 세어봅니다.

구멍의 수(개)	2	4
개 수(개)	8	4

5 규칙성과 문제해결

규칙성과 문제해결 영역에서는 규칙성과 관련된 여러 가지 규칙 찾기, 비와 비율, 정비례와 반비례, 비례식, 연비와 비례배분 등과 문제해결과 관련된 문제해결 전략과 문제해결 과정을 다룹니다. 초등학교 1학년에서는 여러 가지 물체에서 규칙 찾기와 덧셈식, 뺄셈식에서 ㅁ의 의미 알아보기 그리고 문제해결 방법으로 실제로 해보기, 그림 그리기, 식 만들기 등을 다룹니다.

뺄셈식 만들기

컵	○○○○○○○○○○○○	12
컵받침	●●●●●●●●	8

(컵의 개수)-(컵 받침의 개수)=(남는 컵의 수) ⇒ 12-8=4

□가 있는 덧셈식 만들기

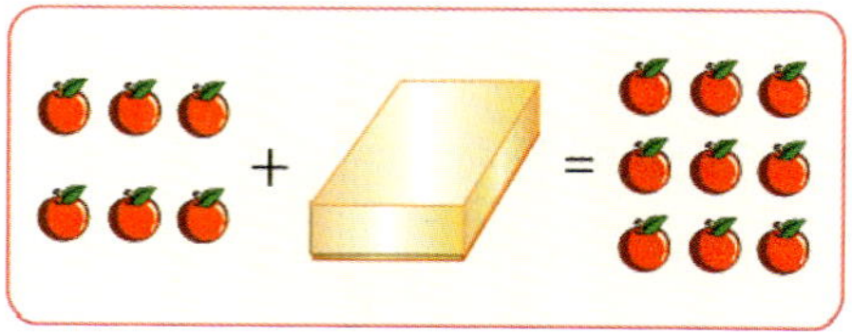

(1) 노란 상자에 있는 사과의 수를 □로 나타냅니다.

(2) □를 사용하여 덧셈식을 만듭니다. ⇒ 6+□=9

(3) □ 안에 들어갈 숫자는 3입니다.

(4) 노란 상자 속에 있는 사과는 3개입니다.

수학 기호에 얽힌 이야기

미지수는 왜 ×로 표시할까?

프랑스의 수학자인 데카르트가 프랑스어에는 ×가 들어간 단어가 많아, 인쇄소에서 ×자의 활자가 여분으로 많이 남아서 문서를 작성할 때 ×를 즐겨 사용하면서 생겼다고 한다.

우연히 생겨난 +

더하기 기호(+)는 1591년 프랑스의 수학자 비에트가 수학의 연구를 정리하고 있었는데 그 수학연구에 덧셈의 문제가 많았다. 덧셈식을 써가던 비에트는 옛 덧셈 부호였던 et를 빨리 쓰다 보니 +와 같은 기호가 되어서 이에 널리 사용하게 되었다고 한다.

십자가를 힌트로 만든 X

영국의 수학자 윌리스가 식을 나타내는 데에 곱하기를 일일이 글로 적기가 힘들어 산책을 하던 중 십자가를 보고 곱셈으로 할까 생각했으나 이미 덧셈이 생긴 뒤여서 그것을 눕혀 ×자로 만들어서 곱하기로 정했다고 한다.

평행선에서 생겨난 =

영국의 수학자 로버트 레코드는 길을 다니다가 '무엇은 무엇이다'라는 수학의 식의 결론에 어떤 부호를 붙일까 고민하였다. 그러다가 나무토막에 걸려서 넘어졌는데 그 나무가 일직선으로 반듯하게 놓여있는 것을 보고 = 이라는 기호를 만들어냈다.

출처: 네이버

2) 유아-초등 수학교육과정의 내용 체계

초등학교의 수학교과는 교육과정의 탐구생활영역 중 특히 '수학적 기초능력 기르기'와 관련됩니다. 그리고 수학교육의 내용면에서 유아교육기관에서는 '수 감각 기르기, 공간 및 도형에 대해 알아보기, 기초적인 측정 해보기, 규칙성 이해하기, 자료 정리 및 결과 나타내기'의 5개 하위 내용으로 구성되어 있으며, 초등학교 1학년 수학교육과정에서는 '수와 연산, 도형, 측정, 확률과 통계, 문자와 식, 규칙성과 함수'의 6개 영역으로 구성되어 있습니다. 이에 유아교육기관 수학적 탐구 영역의 분류에 따라 초등학교 1학년 수학교과의 내용과 비교하여 제시하면 다음 〈표 2〉와 같습니다.

3) 초등학교 1학년 수학교육 교과서의 구성

초등학교 1학년 수학 교과서의 내용은 수학 수업의 흐름과 과정을 학생 스스로 이해할 수 있도록 단계별로 구분하여 '생활에서 알아보기', '활동', '약속하기', '구하는 방법', '배운 것을 다시 생각하기', '익히기', '재미있는 놀이', '문제를 해결해보기', '실생활에 적용하기' 등으로 전개되도록 제시되어 있습니다. 초등학교 수학 교과서의 내용을 살펴보면 다음 68쪽과 같습니다. 살펴보면 으레 걱정하는 것처럼 초등학교에 입학을 하면 곧바로 더하기 빼기를 하고 종이와 연필로만 수학 활동을 하는 것이 아님을 알 수 있습니다.

〈표 2-유아교육기관과 초등학교 1학년 수학 교육 과정 비교〉

유아교육 〈탐구생활영역-수학적 기초능력 기르기〉	
하위내용	수준별 내용
수 감각 기르기	• 생활 속에서 수의 의미 알기 • 생활 속의 수량 비교 • 수 세고 숫자와 연결하기 • 구체물로 연산하는 경험
공간 및 도형에 대해 알아보기	• 위, 아래, 앞, 뒤, 옆 알기 • 기본 입체 알기 • 위치나 경로를 다양하게 표현 • 평면도형 알기 • 구성하고 표상하기
기초적인 측정 해보기	• 측정 가능한 속성 탐색하기 • 길이와 크기 비교하고 말하기 • 임의의 측정 단위에 관심 갖기 • 길이, 크기, 무게, 들이 비교하고 서열화 • 임의의 측정 단위로 측정하기
규칙성 이해하기	• 여러 물체나 무늬에서 규칙 찾기 • 생활 주변의 규칙성 알고 예측하기
자료 정리 및 결과 나타내기	• 하나의 준거로 분류, 설명하기 • 처음 분류한 기준과 다른 준거로 분류하기 • 모은 자료 다양하게 표상하기

초등교육 〈초 1학년 수학과 교육과정〉	
영역	내용
수와 연산	• 100까지의 수 • 간단한 수의 덧셈과 뺄셈 • 두 자리 수의 덧셈과 뺄셈
도형	• 입체 도형의 모양 • 평면도형의 모양
측정	• 양의 비교 • 시각 읽기
규칙성과 문제해결	• 구칙적인 배열에서 규칙 찾기 • 자신이 정한 규칙에 다라 배열하기 • 100까지의 수 배열표에서 규칙 찾고 말하기 • □를 사용한 식 • 실제로 해보기, 그림 그리기, 식 만들기 등으로 문제 해결하기
확률과 통계	• 한 가지 기준으로 사물 분류

출처: 교육과학기술부(2007). 초등학교 교사용 지도서 수학 1-가.

별 생각 없이 사용했던 수의 이름

우리가 일상생활 속에서 사용하는 언어 속에는 수 개념의 의미가 종종 있습니다.
어떤 단어가 어떤 수학적 뜻을 가지고 있는지 살펴보겠습니다.

큰 수를 의미하는 수의 이름

- 불가사의 : 10을 64번 곱한 큰 수의 단위
- google : 10의 100제곱(검색 엔진 Google은 여기에서 나온 단어)

작은 수를 의미하는 수의 이름

-모호 : 0.0000000000001 을 나타내는 단위
-순식 : 0.0000000000000001 을 나타내는 단위
-찰나 : 0.000000000000000001 을 나타내는 단위(아주 가는 명주실에 날카로운 칼을 대어 끊어지는 데 필요한 시간)
-허공 : 0.00000000000000000001 을 나타내는 단위

맛있는 '계란찜'에 함께하는 수학요소~

냉장고 문을 열고, 있는 재료로 할 수 있는 반찬을 생각해보다 온 가족이 좋아하고 조리시간도 짧고, 칼로리도 낮은 계란찜을 하리라 결정하지요. 식구 수대로 대응하여 계란을 꺼내고 나서 계란이 굴러 떨어지지 않을 위치에 계란을 놓고 그릇의 크기와 물, 소금의 양을 어림하여 계란찜 재료를 준비합니다. 이때 계량컵이나 스푼 등을 사용하기도 합니다. 그리고는 그릇보다 더 큰 냄비를 찾아서 그릇의 높이를 넘지 않을 정도의 물을 붓고 불의 세기와 시간을 적정하게 맞춰서 조리를 합니다. 단단한 정도와 색의 변화에 따라 적정한 크기의 국자로 가족들의 앞 접시에 계란찜을 덜어냅니다.

오늘 아침 식탁을 준비하며 어떤 수학적 경험을 했을까요? 생각해보세요.

수학요소	조합, 연산, 비교, 대응, 공간, 어림하기, 수세기, 측정, 서열, 시간, 모양

4) 초등학교 수학 교수법

초등학교에서의 수학교육의 교수법은 다음과 같은 점을 고려하여 이루어집니다.

① 학생은 수학학습에 활동적으로 직접 참여해야 한다.

② 수학학습은 발달의 과정이다. 효과적인 수학학습은 아이들의 발달단계에 적합하고 지적발달을 촉진하는 흥미 있는 방법으로 제시될 때 가장 잘 학습할 수 있다.

③ 수학학습은 선수학습의 바탕 위에서 이루어진다. 사전지식과 학습이 수학보다 더 중요한 과목은 없다.

④ 의사소통은 수학학습에서 필수 불가결한 부분이다. 실제생활에서 필요한 수학적 언어의 사용과 이를 표현하는 능력은 수학적 사고를 증진시킨다.

⑤ 재미있고 좋은 발문은 수학학습을 촉진한다. 아이들과 아이들간, 교사와 아이들간 상호 질문하고 답하면서 사고를 촉진할 수 있다.

⑥ 구체물은 수학학습을 도와준다. 직접적인 사물을 통해 아이들은 수학 개념을 더욱 더 잘 이해할 수 있다.

⑦ 메타인지는 수학학습에 영향을 끼친다. 메타인지(meta-cognition)가 발달하려면 아이들이 자신이 아는 것과 하는 것을 관찰하고 반성해야 한다. 즉 생각한 것을 생각해 보는 것은 수학학습에 중요한 요소가 된다.

⑧ 교사의 태도는 수학학습에 영향을 준다. 성인으로부터의 동기부여는 수학에 대한 열정과 흥미를 제공하는 데 필수적이다.

⑨ 수학불안은 수학이 어떻게 학습되는지에 의해 영향을 받는다. 수학에 대한 불안이나 두려움은 부정적인 감정에서 시작된다.

⑩ 학습에서 잊어버리는 것은 자연스러운 일이다. 그러나 기억력은 강화될 수 있다. 학습에 있어 중요한 것은 기억력이 아니라 무엇이 간직되느냐 하는 것이다.

5) 초등학교 교사에게 듣는 초등학교 수학에 대한 Q&A

수학을 잘하려면 어떤 학습지가 좋은가요? 무엇을 준비해야 할까요?

수학적 지식을 생활 속에서 활용하는 능력이 우선입니다.

수학은 생활 속에서 활용하고자, 생활을 좀 더 편리하게 하려고 배웁니다. 현 7차 교육과정에서 초등수학교육의 목표는 실생활의 여러 가지 문제를 논리적으로 사고하고 합리적으로 해결하는 능력과 태도를 기르는 것입니다. 과거에는 단순한 암기식의 수 연산과 공식 외우기에 급급했었습니다. 하지만 요즘은 학생들의 구체적인 경험에 근거하여 사물의 현상을 수학적으로 해석하고 조직하는 활동, 구체적인 사실에서 점진적인 추상화 단계로 나아가는 과정을 중요시합니다. 가장 중요한 수학적 능력은 수학적인 지식과 기능을 활용하여 실생활의 여러 가지 문제를 해결해 보고, 수학의 필요성과 실용성을 인식하며 수학에 대한 긍정적인 태도를 기르는 것이므로 수학공부를 지나치게 미리 시킬 필요는 없습니다.

수학하면 대부분 연산을 떠올리는데요. 그래서 아이들에게 수 연산에 대한 학습지를 많이 시키고 있습니다. 어떻게 해야 할까요?

지나친 선행학습은 오히려 수학에 대한 흥미를 잃게 만듭니다.

수학 학습지를 많이 한 아동은 수학과목에 흥미가 없습니다. 왜냐하면 이미 다 알고 있는 것이라는 생각에 수업에 집중하지 않고 혼자 장난하는 경우가 많습니다. 이는 선행학습의 폐해라고 볼 수 있습니다. 이렇게 선행학습에 지나치게 노출된

아동은 수학 시간뿐만 아니라 다른 수업 시간에도 집중하지 못하는 경우가 많습니다. 초등학교 1학년 수학교과서에서 요구하는 연산능력은 부모님들이 생각하시는 것만큼 어렵지 않습니다. 현 초등수학교육은 초등수학 교과서에서도 볼 수 있는 것처럼 대부분이 구체물을 이용하여 놀이처럼 진행됩니다.

유아교육기관에서 배우는 수학 내용과 초등학교 1학년 수학교과가 어떻게 차이가 있나요?

초등학교 수학 교육은 유치원 교육과 많은 부분이 연계되어 이루어지고 있습니다.

유아교육기관에서는 초등학교에서 다룰 수학개념을 놀이와 구체적인 체험활동을 통해 배우고 있습니다. 국가 수준 교육과정을 잘 적용하는 유아교육기관이라면 초등수학 준비를 위해 별도의 사교육이 필요하지 않습니다.

초등학교 입학 전인 만 5세에 수학교육을 준비한다고 하면, 어떤 준비를 해야 하나요?

생활 속에서 수학을 자주 활용하도록 기회를 주세요.

초등수학 시간에는 숫자 쓰기를 합니다. 이때, 숫자 쓰기를 위해서는 연필을 바르게 쥘 수 있는 손의 힘이 필요합니다. 이를 위해 유치원과 가정에서 소근육을 키우기 위해 손으로 하는 다양한 활동을 하는 것이 학습지를 하는 것보다 더 중요합니다. 초등수학교육에 대해 도움이 되는 것은 바로 일상생활 속에서 수학을 활용하는 것입니다. 마트에서 물건을 살 때 같은 물건이지만 가격이 서로 다른 경우를 보여주면서 가격차가 얼마나 나는지, 얼마 더 비싼지, 얼마 더 싼지를 유아가 경험한다면 유아는 생활 속에서 덧셈과 뺄셈을 배우는 것입니다. 이 외에도 수학 영역에서 다루는 도형, 측정, 확률, 통계 등을 일상생활 속에서 익히는 것이 바로 문제 해결능력을 키우는 것이고 문제해결 향상이 바로 초등학교 수학교육에서 추구하는 목표이기도 합니다.

초등학교 들어가니까 수학용어를 배우게 되는데 아주 어려워해요. 어떻게 수학용어를 가르쳐야 할까요?

생활 속에서 수학용어를 사용해서 자연스럽게 익히게 해 주세요.

초등학교에 들어가게 되면 '수학'이라는 교과목을 접하게 되면서 수학용어를 처음으로 사용하게 됩니다. 초등학교 저학년 수학에서 배우는 수학용어로는 '덧셈, 뺄셈, 센티미터(cm), 미터(m), 선분, 직선, 각, 꼭짓점, 도형, 측정, 식, 분수' 등입니다. 이러한 용어를 갑자기 책에서 접하게 되면 아이는 당황할 수밖에 없습니다. 생활 속에서 '더해볼까? 빼볼까?', '네 키가 몇 센티일까?', '얼마나 길지 측정해 볼까?', '이 피자를 1/2로 잘라 볼까?' 등의 질문을 통해 아이가 익숙해지도록 하는 것이 가장 자연스러운 방법입니다.

인체에 대한 재미있는 통계 II

- 우리 몸을 구성하는 세포의 개수는 60만 조랍니다.
- 우리 몸속 간은 무려 500가지 화학물질을 생산하고 해독하는 일을 합니다.
- 우리 몸속 콩팥은 하루 30번의 여과 정수 처리를 합니다.
- 우리 몸의 무게가 보통 체중일 때 다리가 떠받치는 무게는 무려 30톤입니다. 이는 지하철 한 칸의 무게입니다.
- 간 무게는 1~2kg이고, 여기에 50~100g의 기름이 끼면 지방간입니다.
- 우리가 평생 먹는 음식의 양은 마시는 물을 빼면 약 27톤인데 이는 이삿짐 트럭으로 6대분입니다.
- 우리가 싸는 대소변의 양은 1년에 500kg입니다.
- 밤마다 야식으로 라면을 하나씩 먹으면 1년에 23.76kg이 찐답니다.
- 청량음료 한 캔(100ml)을 매일 마시면 1년에 5kg이 찐답니다.

출처: 이유명호(2007). 몸을 살리는 다이어트 여행. 이프.

힐베르트의 호텔

지구에서 멀리 떨어져 있는 우주에 엄청나게 큰 힐베르트 호텔이 있었습니다. 이 호텔에는 무한 개의 방이 있습니다. 그래서 이 호텔의 지배인은 아무리 많은 손님이 와도 모두 방을 마련해 줄 수 있었습니다.

어느 날 이 호텔에 무한 명의 손님이 와서 방이 가득 차게 되었습니다. 그런데 한 우주인이 여행도중 이 호텔에 오게 되었습니다. 그래서 이 호텔 지배인은 각 방의 손님들에게 1호실은 2호실로, 2호실은 3호실로, 3호실은 4호실로…… 모두 이런 식으로 방을 옮겨 달라고 부탁했습니다. 그랬더니 1호실이 비었고, 그 우주인에게도 방을 줄 수가 있었습니다.

그 다음날, 또 무한 명의 손님들이 이 호텔로 몰려왔습니다. 이들은 모두 각자가 하나씩의 방을 쓰겠다고 했습니다. 이 지배인은 어떻게 모두에게 하나씩의 방을 준비해 줄 수 있었을까요?

지배인은 모든 손님들에게 지금 있는 방 호수의 2배가 되는 호수의 방으로 옮겨 달라고 부탁했습니다. 1호실은 2호실로, 2호실은 4호실로, 3호실은 6호실로…… 이동했습니다. 그 결과 손님들은 모두 짝수 호수의 방으로 가게 되었고, 새로 온 무한 명의 손님들은 모두 홀수 호수의 방으로 안내해서 모두 방에 묵게 되었습니다.

출처: 이광연(2004). 또 웃기는 수학이지 뭐야!. 경문사.

3 유아를 위한 수학교육의 모든 것

"유아기가 바로 수학교육의 적기랍니다. 이때 생활 속에서 배운 수학은 평생 가지요"

유아기는 수학교육에서 매우 중요한 의미가 있는 연령입니다. 왜 유아기가 중요한 의미가 있는 것일까요? 수학을 좋아하려면 어떻게 도와주어야 하는 것일까요?

이를 위해서는 먼저 유아의 인지발달 특성을 알아보는 것이 중요합니다. 유아의 발달은 분명 성인과는 다르며, 수학교육 방법도 달라야 합니다. 유아의 인지발달 특성과 이에 기초한 유아기 수학교육의 내용과 방법에 대해 알아봅니다.

01 유아의 인지발달

"엄마, 왜 달이 나를 자꾸 따라와요?"
"엄마, 박하사탕 먹었더니 입에서 바람이 불어! 신기해!"
"엄마, 이건 (자를 가져오며) 요술 봉이야."

아이들의 말이나 행동을 들여다보면 어른과 다른 점을 발견하게 됩니다. 그 이유는 아이들의 사고력이 부족하거나 못해서가 아니라 사고가 발달해 가는 과정 중에 있기 때문에 그 발달단계에서 경험하게 되는 특성을 보이기 때문입니다. 똑같은 사물이나 상황이라도 아이들은 어른과 다르게 보고 받아들입니다.

아주 어린 아이들은 의자에 걸려서 넘어지면 울면서 의자를 밉다고 치기도 합니다. 조금 크면 구름이나 달이 자신을 따라온다고 생각하기도 합니다. 이러한 사고과정을 거치면서 나이가 들면 원래의 사물이나 상황의 특성을 이해하게 됩니다.

유아들은 이러한 유아적인 사고에서 더 성숙한 사고의 단계로 넘어가는 과도기에 있습니다. 사물을 눈에 보이는 대로 믿거나, 사물의 변화를 이해 못 하거나, 사물이 실제로 살아있다고 믿는 등 자기중심적으로 생각하는 특징을 가지고 있습니다. 직접 물건을 가지고 만져봐야 이해할 수 있으며 이러한 경험이 쌓이면 점차 직접 물건을 보거나 만지지 않고도 머릿속으로 생각할 수 있는 능력이 생겨납니다.

미술, 과학, 언어 등 모든 영역에서도 그렇겠지만 수학에서도 구체물을 가지고 경험하도록 하는 것은 매우 중요합니다. 특히, 사물 간의 관계에 대한 학문인 수학의 경우 사고의 특성이 자기중심적이고 비논리적인 유아에게 있어 매우 추상적이고 모호할 수 있습니다. 그래서 아이의 수학놀이는 어른과 달리 발달에 맞게 구체적인 물건을 가지고 접근할 때만이 즐겁게 수학을 배울 수 있습니다. 아이의 인지발달의 특성을 이해한다면, 아이에게 꼭 맞는 수학놀이가 가능할 것입니다. 유아의 인지발달의 특징을 하나씩 좀 더 구체적으로 살펴보겠습니다.

1) 직관적 사고

직관적 사고란 사물이나 현상의 원래 속성을 알지 못하고 단지 눈에 보이는 대로 믿는 것입니다. 똑같은 구슬 5개라도 길게 늘어놓은 것을 많다고 생각하는 것이 바로 직관적 사고입니다.

"이 구슬과 이 구슬 중 어느 것이 더 많니?"

"(길게 늘어선 쪽을 가리키며) 이쪽이요."

"왜 그렇게 생각하니?"

"이쪽이 길잖아요."

2) 비가역적 사고

비가역적 사고란 물질의 상태를 변화시키더라도 원래의 상태가 되는 것을 이해하지 못하는 사고입니다. 긴 모양의 점토를 공 모양으로 둥글게 뭉치더라도 그 양이 그대로 임을 이해 못하는 사고가 바로 비가역적 사고입니다. 물을 다른 모양의 컵에 부어도 그 양은 그대로임을 이해 못하는 것 역시 마찬가지입니다.

"여기 물이 있어. 다른 컵에 부어볼까? 어떻게 되었니?"

"(넓은 컵에 부은 물을 보며) 줄어들었어요."

3) 자기중심적 사고

자신의 입장에서만 사물이나 상황, 사람의 마음을 판단하는 것으로, 자신이 배가 부르면 남도 배가 부를 것이라고 생각하는 것이 바로 자기중심적 사건입니다. 자신의 위치에서 보이는 것만 전부라고 생각하는 사고입니다.

"엄마 생일 선물로 로봇 사줄게. 그게 제일 좋지?"

4) 물활론적 사고

무생물이 생명이 있어 살아 움직인다고 생각하는 것으르, 흘러가는 구름이 움직인다고 생각하거나 인형이 감정이 있다고 믿는 것, 자신이 책상에 부딪힌 다음 책상을 원망하고 때리는 등의 행동이 바로 물활론적 사고입니다.

"곰돌이가 아야~한대?"

"(매우 진지한 표정으로 청진기를 대고) 숨 쉬어 보세요. 약 여기 있습니다."

"곰돌이가 고맙다고 하네. 재원이 사랑한대."

"(해맑게 웃으며) 나도 사랑해."

5) 인공론적 사고

세상의 모든 사물이나 자연 현상이 사람의 필요에 의해서 자신의 목적에 맞도록 쓰려고 만들어진 것이라고 믿는 것이 바로 인공론적 사고입니다. 자신을 중심으로 생각하는 사고와 비슷합니다.

"저기 비둘기가 있다."

"비둘기가 나를 보려고 온 거야. 나한테 인사하려고."

6) 상징적 사고

현재하고 있는 행동이나 관찰내용이 아닌 정신적 표상이나 지연모방을 통해 행동하고 표현하는 것을 의미합니다. 스카프를 두르면 슈퍼맨이 되거나 마법사가 된다든지, 꽃머리띠를 해야만 공주님이 된다든지 하는 아이들의 행동은 바로 이 상징적 사고에 기반을 둔 행동입니다.

"짠짜짠! 나는 슈퍼맨이다. 나는 난다!"

"나는 공주야. 드레스 입고 걸어가는 거야."

수학의 노벨상은 아벨상

노벨상에는 물리학상, 화학상, 생리의학상, 문학상, 평화상, 경제학상 등 총 6개 종류의 분야가 있습니다. 그런데 왜 노벨상에는 수학상이 없을까요?
노벨은 수학은 실용학문과는 거리가 있다고 생각해서 별로 관심을 두지 않았기 때문이라고 합니다. 또, 일설에 의하면 노벨은 스웨덴 사람으로 당시 최고의 수학자였던 미탁레플러와 사이가 좋지 않았다고 합니다. 만약 노벨 수학상을 둘 경우 그에게 최초의 영예를 안겨주어야 하기 때문에 의도적으로 수학을 노벨상 분야에서 제외했다고도 합니다. 이 외에도 여러 가지 설이 있으나 진위는 알 수 없습니다. 수학분야에도 필즈상이라는 상이 있었으나 그 상금에 있어 노벨상과 비교가 되지 않았습니다. 노벨상은 분야별로 각 100만 달러인 반면, 필즈상은 1만 달러에 불과했기 때문입니다.

그런데 최근 상금 규모에서도 노벨상에 견줄만한 수학 분야의 상이 새로 생겼습니다. 2003년 첫 시상식을 한 '아벨상'이 바로 그것입니다. 노르웨이 정부는 27세에 요절한 천재적 수학자 닐스 헨릭 아벨의 탄생 200주년을 기념하여 아벨상을 제정하고 노벨상과 같은 상금을 수여함으로써 노벨상과 어깨를 나란히 하였습니다. 지금까지 과학 분야에서 다수의 노벨상 수상자를 배출한 일본은 필즈상도 세 차례나 수상하였습니다. 필즈상을 수상한 동양인은 현재까지 일본인 3명과 중국인 1명뿐입니다. 우리나라 수학자가 아벨상이나 필즈상 수상자로 선정되는 날이 빨리 오기를 기원해봅니다.

출처: 박경미(2007). 수학비타민. 랜덤하우스코리아

숫자로 보는 발가락 이야기

발은 한 번 걸을 때마다 체중의 80%를 받는다고 합니다. 몸무게 50kg인 여성이 하루 만 보는 걷는다 치면, 약 400톤의 두게가 26개의 조그만 뼈들이 옹기종이 모여 있는 발에 실리는 셈입니다. 1년 이상 하루에 4시간 넘게 구두를 신고 직장 생활을 하는 여성의 경우 발목 휨 현상이 매우 심하다고 합니다. 그렇다면 어느 정도 높은 구두를 신어야 괜찮을까요? 자신의 키(cm)에서 100을 뺀 후 그것을 10으로 나눈 값을 넘지 말아야 한다고 합니다. 즉 키가 160cm인 여성은 6cm가 최고의 굽 높이인 셈이고 하루 6시간 이내, 일주일에 4회 이내로 신어야 발에 무리가 가지 않는다고 합니다.

출처: 조선일보 2008. 6. 26.

02 유아 수학교육은 '수학적 사고력'이 정답!

어떻게 하면 수학을 즐기며 잘할 수 있을까요? 먼저 수학을 즐기며 잘하는 사람들의 특성을 살펴 볼까요?

수학을 잘하는 사람들의 특징은 수학의 기초가 튼튼하다는 것입니다. 수학은 처음 접할 때 개념을 확실하게 알아야 다음 내용을 이해할 수 있는 과목이기 때문입니다.

두 번째 특성은 호기심이 강하고 주의집중력이 뛰어나다는 것입니다. 궁금한 것이 있을 때 이를 해결하려고 노력하는 특징이 있습니다. 세 번째는 수학과 관련된 경험이 긍정적이라는 것입니다. 수학에 대한 불안이 오히려 수학에 대한 흥미를 떨어뜨리게 되기 때문입니다.

그리고 또 하나! 수학을 잘하는 사람들의 마지막 특성은 '**수학적 사고력**'입니다. 수학적 사고력이란 다른 말로 '문제해결력'이라고도 하는데, 수학적 방법을 효과적으로 사용하는 능력뿐 아니라 주어진 문제를 합리적으로 접근하여 해결하고자 탐구하고 논리적으로 추론하는 능력을 뜻합니다. 즉, 문제해결을 위해 다양하게 사용하는 능력뿐 아니라 탐구하고 추측하고 논리적으로 추론하는 개인적인 능력인 수학적 소양을 갖추는 것을 말하는 것입니다. 수학의 본모습은 답을 빨리 구하는 것이 아니라 깊이 생각하고 다양한 방법을 고안해 보는 사고의 힘을 기르는 데 있기 때문입니다.

그렇다면 '수학적 사고력'은 언제 어떻게 길러야 주어야 하는 것일까요? 미국수학교육협의회(National Council of Teachers of Mathematics, 2000)에 따르면, 수학적 사고력을 키우기 위해서는 유아의 사고를 자극해주고, 일상생활에서 문제를 해결하는 구체적 경험과 추상적인 수학적 사고로 연결할 수 있는 기회와 경험이 중요하다고 합니다.

그러면 유아수학교육을 어떻게 해야 수학적 사고력이 길러지는 것일까요? 그 해답은 일상생활 속에 있습니다. 수학적 사고력은 알려준 대로 암기해서 길러지는 것이 아니라, 유아 스스로 사물과 상호작용하며 사물 간의 관계성을 발견하면서 발전하게 됩니다. 유아 스스로 일상의 경험을 통해 다양한 사물과 현상에 대해 조작, 탐색해 보고 수학적으로 생각해 보는 기회를 많이 얻는 것이 바람직한 이유가 여기에 있습니다.

그러므로 일상생활 속에서 자연스럽게 접하는 문제를 해결하기 위해 다양한 방법을 시도해 보는 것, 여러 가지 생활 속 물건들을 가지고 그 특성과 관계를 알아보는 것이 바로 문제해결력의 동기를 부여하고 사고력의 기초를 다지는 수학적 사고력을 키울 수 있는 가장 최선의 방법입니다.

03/ 어떤 내용을 어떻게 가르쳐야 할까?

잘 가르치고 싶지만 그 구체적인 방법을 알아서 실천하기란 쉽지 않습니다. 다음에서는 앞의 장에서 살펴본 것과 같이 초등학교 교육과정과 연계된 유아교육기관 교육과정에서의 교육내용 요소에 기초하여 가정에서의 어떤 활동으로 어떻게 이야기를 나누고 상호작용할 것인지에 대해 더욱 구체적으로 제시해 보려고 합니다.

1. 수 감각 기르기

1) 일대일 대응

일대일 대응은 한 집단이 다른 집단과 수가 같다는 것을 이해하는 것으로, 양쪽 집단의 요소들을 하나씩 짝지어 보는 것입니다. 일대일 대응은 수세기의 준비과정으로서, 수의 보존개념을 이해하는 데 기초가 됩니다. 식탁에서 가족 수대로 수저를 놓거나 아빠 옷을 개서 아빠에게 드리고, 엄마 옷은 엄마에게, 자기 옷은 자기가 갖는 것도 모두 훌륭한 일대일 대응 활동입니다.

2) 수세기

수세기란 수를 순서대로 세는 것으로 유아의 초기 수개념 발달의 중요한 요소가 됩니다. 수세기는 수단어의 획득과 함께 시작되는데 초기에는 암기식으로 수세기를 하다가 이후에는 물체를 세는 수세기로 발전합니다. 계단을 올라가면서 수를 세어보기도 하고 엄마가 가진 물건이 더 많은지 내가 가진 물건이 더 많은지 어림해보고 직접 세어보고 그 수를 비교해보는 것도 수세기의 활동에 포함됩니다.

3) 숫자인식

숫자인식이란 숫자의 모양과 의미를 이해하는 것으로, 유아가 숫자를 인식하려면 수와 그 수를 상징하는 숫자 간의 관계를 이해해야 합니다. 유아가 점점 수량에 대한 개념을 획득해 감에 따라, 수량과 수량을 표상하는 숫자와의 관계를 이해하는 것이 필요해집니다. 엘리베이터의 6이라고 하는 버튼을 누르면 6층이라고 하는 건물의 공간에 도착할 수 있다는 것을 이해하고, 우리 집은 몇 동 몇 호인지, 엄마 아빠의 핸드폰 번호를 아는 것도 모두 숫자 인식의 좋은 활동이 될 수 있습니다.

4) 연산

연산은 물건을 더하거나 빼는 등의 활동으로, 일상생활에서 더하기 빼기 등의 문제 상황을 접하면서 수세기 방법을 터득하게 됩니다. 연산은 흔히 '가르기와 모으기'로 이루어지며, 이러한 활동은 숫자를 사용한 연습이 아닌 구체적인 상황이나 조작적 물체를 사용하여 더하여 보고, 덜어 내는 방법을 사용하는 것이 바람직합니다. 빨래를 널면서 “원래 빨래줄에 양말이 3켤레 있었는데, 엄마가 2켤레 더 널고 네가 2켤레 더 널면 모두 몇 개가 될까?”하고 질문할 수 있습니다. 이런 문제 제기를 통해 아이들은 직접 수를 세고 합해보며 연산에 대해 보다 실질적이고 구체적인 경험을 하게 될 것입니다.

5) 큰 수

한 자리 수에서 두 자리 수로 넘어가는 것은 두 자리 수에서 세 자리 수로 넘어가는 것과는 다릅니다. 큰 수는 아이들에게는 생각보다 어려운 일이랍니다. 하지만 의외로 일상생활 속에서 아이들은 500, 1000이라고 하는 굉장히 큰 단위의 수들을 경험하고 있습니다. 꼭 500이 499다음의 수라고 하는 것을 알 필요는 없습니다. 단지, 슈퍼에서 300원짜리 물건을 사면서 500원짜리를 내고 200원을 거슬러 받는 것과 같은 상황에서 즉, 실생활 속에서 필요나 문제해결을 위해서 큰 단위를 소개하고 자연스럽게 경험하게 하는 것은 필요합니다.

6) 분수개념

분수는 전체와 부분을 아는 것으로 전체를 똑같이 나누었을 때 일부분을 나타내는 개념입니다. 공평하게 나누는 분수개념에서 시작하여 반, 반의 반의 개념으로 발전합니다. 사과를 먹거나 피자를 먹으면서 똑같이 나누어 가지려면 어떻게 해야 할지, 몇 조각씩 나누어야 할지 가족 수에 따라서 나누어보고 그것이 공평한지 확인해보면서 분수개념을 습득하도록 도울 수 있습니다.

2. 공간 및 도형에 대해 알아보기

1) 부분과 전체

부분과 전체에 대한 개념은 전체가 여러 부분들로 나누어 질 수 있으며, 이러한 부분들이 모여서 전체를 구성할 수 있음을 이해하는 개념입니다. 이 개념은 유아들이 구체물, 실제 상황 등을 통해 충분히 탐색하도록 도와야 합니다. 퍼즐 맞추기도 부분과 전체를 경험할 수 있는 좋은 자료가 됩니다. 간단하게 종이에 구멍을 뚫고 그 아래 동화책의 그림이 있는 곳에 대고 작은 구멍을 통해 보이는 것이 무엇일지 생각해보고 맞춰보는 활동도 간단하지만 재미난 부분과 전체 활동이 될 수 있습니다.

2) 공간

공간이란 물체 내의 거리나 물체 간의 거리를 의미합니다. 영 · 유아들은 태어나면서부터 직관적으로 공간에 대해 이해하기 시작하며 공간의 이동이나 위치 변경 등을 추론하며 공간개념을 획득하게 됩니다. 공간개념은 공간 내에서의 위치나 공간적 관계 및 공간상의 조작 능력을 말합니다. 공간관계에 대한 이해는 유아들이 자신의 몸을 직접 움직여 보고, 사물을 구체적으로 조작해 봄으로써 발달하게 됩니다. 이러한 공간적 능력은 눈을 통해 물체의 패턴, 모양, 위치, 움직임 등을 파악하는 능력으로 주변 세계에서 물체의 공간적 감각과 형태를 인식하는 데 중요한 역할을 합니다. 아이에게 물건을 가져오라고 할 경우 “네 옆에 있는 거, 베란다 문하고 현관문 사이에 있는 거”와 같이 구체적으로 공간과 위치 관련 단어를 사용해서 하는 것도 도움이 될 수 있습니다.

3) 여러 가지 모양

모양은 물체의 공간적 특성을 의미하는 것으로, 유아는 주위 환경에서 여러 가지 입체적 물체를 탐색함으로써 모양에 대한 인식을 시작합니다. 따라서 유아에게는 세모, 네모, 원 등의 평면도형에 대한 소개 이전에 공 모양, 상자 모양 등 입체도형에 대한 탐색이 먼저 이루어지는 것이 바람직합니다. 슈퍼에 가서도 과자 상자는 어떤 모양인지, 같은 모양은 어디에 있는지 이야기 나누고 살펴보는 것만으로도 모양과 형태에 대한 인식에 도움이 될 수 있습니다.

3. 기초적인 측정 해보기

1) 시간

시간이란 차례와 연속의 두 개념으로 시간의 차례는 사건의 순서를 의미하는 것이고, 시간의 연속은 한 사건이 얼마나 지속하는가를 의미합니다. 유아들에게 시간은 정확한 시각을 읽게 하는 것이 아니라 자신의 생활 속에서 시간의 흐름을 경험하고 시간적인 관계를 인식하도록 하는 것입니다. 그래서 유아가 시간에 대해 이해하는 것은 단순한 시각을 보는 것뿐 아니라 시간의 중요성과 가치를 깨닫게 합니다. 오늘 하루 일과에 대해서 차례대로 이야기해 주거나, 텔레비전은 긴 바늘이 두 칸 갈 때까지만 본다는 약속을 정하거나 달력을 보며 며칠 지나면 생일인지를 함께 세어보는 것도 가정에서 간단하지만 유용하게 할 수 있는 활동입니다.

2) 측정하기

측정은 단위를 사용하여 한 집합 혹은 물체의 연속적인 양을 정하는 과정입니다. 유아의 측정활동은 길이, 크기, 무게와 같은 물체의 속성을 탐색하고, 이를 준거로 두 개의 물체를 직접적으로 비교하는 것으로부터 시작합니다. 또한 유아단계에서는 먼저 실제 측정 도구를 사용하기 보다는 신체를 활용한 측정이나 종이, 블록 등 적절한 물체의 임의 단위로 측정하는 것이 필요합니다. 이러한 측정은 수학적으로 문제를 해결하고 의사소통하는 데 중요한 영역이 됩니다. 의자높이만큼 블록을 쌓으려면 몇 층까지 쌓아야 할지 생각해보게 하고 직접 쌓아보거나, 엄마 키와 아이의 키는 얼마나 차이가 날지 직접 종이로 재어 보고 그 길이를 비교해 볼 수도 있습니다.

4. 규칙성 이해하기

1) 패턴

패턴이란 사물의 모양이나 양상이 일정한 규칙을 갖고 반복되는 형태를 말합니다. 패턴을 인식하는 것은 곧 현상에 대한 통찰력을 갖게 하는 기본을 제공합니다. 패턴은 나아가 여러 사물의 관계를 파악하고 관련된 특성을 찾아내는 능력을 돕습니다. 아이가 좋아하는 노래를 부를 때 그냥 손뼉만 치는 것이 아니라 손바닥을 두 번 치고 발을 쿵 한 번 구르는 것도 패턴 활동의 일종이 됩니다. 간식을 먹을 때에도 과자 한 번 우유 한 번 번갈아가면서 먹는 것도 패턴에 대한 활동이랍니다.

5. 자료 정리 및 결과 나타내기

1) 분류하기와 순서 짓기

사물의 공통된 속성을 알아내고 이에 따라 사물을 모아보는 분류 능력과 사물의 특징적인 속성의 차이를 순서대로 배열하는 순서 짓기는 논리 · 수학적 사고 발달의 기초가 되는 능력입니다. 분류하기와 순서 짓기는 수와 측정활동의 기초가 되며, 유아에게 논리적 순서가 포함된 문제해결의 경험을 제공할 수 있습니다. 여러 장난감 중에서 같은 것끼리 모아보게 하거나 키 순서대로 놓아보게 하는 것도 간단한 분류와 순서 짓기 활동입니다.

2) '통계의 기초개념'

통계는 낱낱의 자료들을 일정한 준거에 의해 한데 묶어 셈하는 것입니다. 여러 자료들을 체계적으로 조직하고 자료의 전체적인 성향을 파악할 수 있도록 도와줍니다. 유아들은 일상생활에서 접하는 여러 가지 자료들을 정리하고 조직해 보는 경험을 하며, 분류, 순서 짓기, 부분과 전체, 측정 등의 다른 수학적 개념들과 연결하여 수학적으로 사고해 보는 경험을 할 수 있습니다. 냉장고 과일 칸을 열어서 남은 과일이 각각 몇 개인지 같은 과일끼리 한 줄로 늘어놓고 서로 개수를 비교하는 것이 통계활동의 기초가 됩니다.

04 유아를 위한 수학교육 비법 6가지

원리 1. 생활 속에서 접근하라.

아이들은 놀이가 생활이며 생활이 곧 놀이입니다. 놀면서 경험하고 배우고 터득하는 것이 사실은 진짜 공부입니다. 생활 속에서 배울 때, 그 내용은 유아들에게 의미있게 다가오고 가장 자연스럽게 몸에 익히게 됩니다. 예를 들어 식탁에서 식구 수대로 숟가락과 젓가락을 놓아보고, 밥그릇과 국그릇의 위치를 맞게 놓는 것 역시 수학입니다. 시장놀이를 하며 물건을 고르고 사고 돈을 셈하는 것 역시 수학입니다. "이거 얼마인가요?", "몇 개 더 사야 할까?", "우리 식구가 네 명이면 몇 개를 더 사야 할까?" 등의 수학적 어휘를 사용하다 보면 어느새 수학은 생활이 됩니다.

빨래집게 놀이, 어때요?

1. 모양 만들기 : 빨래집게를 이용하여 강아지, 로봇 등의 다양한 모양을 구성해보세요.
2. 제한된 개수로 구성하기 : 자녀와 함께 5개 등 정해진 개수의 빨래집게를 활용하여 모양을 구성하고 비교해보세요.
3. 숫자만큼! : 빨래 건조대에 빨래집게를 걸어둔 다음 "빨간색 3개"라고 외치면 지시에 적절한 색의 빨래집게를 개수만큼 가져옵니다.
4. 숫자보고 가져오기 : 우유팩이나 이면지에 숫자를 쓰고 그 종이에 빨래집게를 2개 정도 집어 둡니다. 종이에 적힌 숫자만큼 되도록 빨래집게를 더 가져다가 집어주세요.
5. 패턴아, 놀자 : 빨래건조대에 빨강, 노랑, 파랑, 빨강, 노랑, 파랑 등으로 일정한 규칙에 따라 빨래집게를 집어두고 다음에 올 것을 골라서 패턴을 완성해보세요.

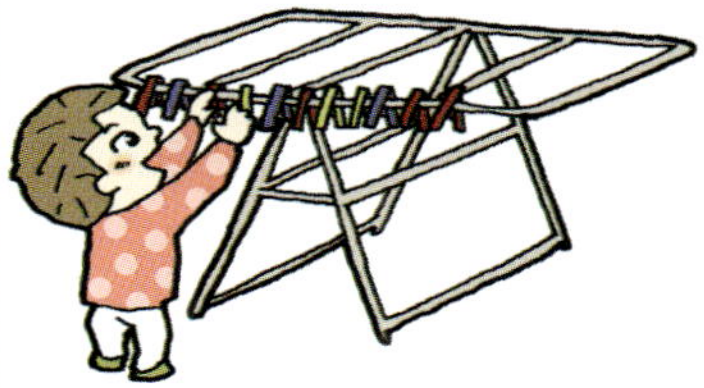

원리 2. 친숙한 일상을 통해 수학적 어휘를 사용하라.

아이에게 친숙한 일상은 곧 수학적 상황이 됩니다. 유아들의 일상생활이 이루어지는 가정에서는 수학적 의미가 담긴 활동을 찾아내는 것이 무엇보다 의미가 있는 수학 활동이 됩니다.

아이와 집에서 키를 재보거나 목욕 후 몸무게를 재보기, 시계를 보며 "8시야. 아침 먹을 시간이다", "9시야. 이젠 잘 시간이야"라고 이야기하며 시간개념을 익힙니다. 부엌에서는 아이와 함께 요리를 만들면서 "달걀이 세 개 더 필요해. 우유는 두 통을 더 넣을까?", "식빵을 반으로 잘라 줄래?" 등의 수학적 어휘를 사용합니다. 이렇듯 친숙한 일상을 통해 익힌 수학적 어휘는 생활을 편리하게 하는 살아있는 지식이 됩니다.

원리 3. 생각하는 힘을 길러라.

수학을 다른 말로 하면 '*생각하는 힘*'이라고 표현할 수 있을 것입니다. 수학은 더욱 합리적으로 사고하는 능력입니다. 유태인들의 속담에 '물고기를 잡아주지 말고 물고기 잡는 방법을 알려주라'는 말이 있습니다. 물고기 잡는 방법이 바로 '생각하는 힘'을 길러주는 것이라고 볼 수 있습니다. 어떤 문제에 부딪히더라도 스스로 해결할 수 있는 다양한 방법을 모색해 보는 합리적인 사고가 바로 '생각하는 힘'이자, '수학'인 것입니다. 생활 속에서 수를 통해 생각하는 힘을 기르는 방법에는 어떤 것들이 있을까요? 점토놀이를 하면서 동그란 점토 6개와 이쑤시개 6개로 만들 수 있는 세모 모양은 모두 몇 개인지 함께 만들고 구성해보는 것도 한 예가 될 수 있습니다. 주차된 차의 크기를 비교하거나 과일의 단면을 세로로도 잘라보고 가로로도 잘라보며 비교하는 것도, 우리 가족이 모두 2개씩 먹으려면 모두 몇 개의 간식이 필요할지를 고민해보는 과정을 통해서도 아이의 생각하는 힘은 길러질 것입니다.

원리 4. 일상적 자료를 수학적 의도를 가지고 활용하라.

집 안에서 흔히 볼 수 있는 바둑알, 다양한 크기의 컵, 생활용품들을 수학적 의도로 적극 활용해 봅니다. 예를 들어, 음료수를 줄 때 어느 만큼 먹을지 묻고 그 양이 작은 컵으로는, 큰 컵으로는 얼마나 될지 비교해 보도록 합니다. 또 우유 한 통으로 몇 컵이 나올지 물어보고 함께 세어 볼 수도 있겠지요. 바둑알로 매일 날짜 표시하기, 바둑알 5개로 모두 다른 모양 만들기 등은 좋은 수학 놀이가 됩니다.

샌드위치 식빵 한 개로 할 수 있는 수학놀이

샌드위치 식빵 한 개를 가지고 뭘 할 수 있을까? 샌드위치를 만드는 것 외에도 무궁무진한 수학놀이가 숨겨져 있다. 똑같이 반으로 자르기 놀이는 세모나 네모 등으로 똑같이 잘라 본다. 식빵을 여러 가지 모양 틀로 찍어서 다양한 모양을 만들어 볼 수도 있다. 식빵을 길게 잘라 누가 가장 길게 만들 수 있는지 길이를 비교해 본다.

식빵 한 조각을 몇 입에 나누어 먹을 수 있는지를 세어보기도 하고, 빵의 둘레를 재어보기도 한다. 빵을 뭉쳐서 가장 작게 만들어보는 내기도 해볼 수 있고, 빵 둘레를 가지고 물건들을 재어볼 수도 있다. 식빵 한 조각으로 할 수 있는 수학놀이를 더 찾아 보자.

원리 5. 값싼 수학교구를 다양한 방법으로 충분히 활용하라.

어느 집에나 수학교육을 위해 부모는 자녀에게 교구들을 사줍니다. 주로 사주는 교구는 수를 셀 때 사용되는 수셈판, 지오보드, 패턴블럭 등이 그것입니다. 그러나 이러한 교구를 적절히 활용하지 못하여 몇 번 가지고 놀다가 그냥 두는 경우가 많습니다. 값이 싸지만 효율적으로 활용할 수 있는 이러한 교구들을 가지고 자녀와 함께 다양한 수학놀이를 하게 되면, 아이들은 손으로 만지는 즐겁고 다양한 수학을 경험하게 될 것입니다.

원리 6. 부모의 수학에 대한 태도는 자녀에게 영향을 준다는 사실을 기억하라.

'말로 하니 반항하고 몸으로 하니 따른다'는 말이 있습니다. 자녀가 책읽기를 원하면 그 방법은 간단합니다. 부모가 책을 읽으면 됩니다. 수학 역시 마찬가지입니다. 자녀가 수학을 즐거워하고 의미 있는 것으로 느끼기를 바란다면, 부모가 먼저 수학을 즐기면 됩니다. 진정한 학습이란 사물의 이치를 깨닫는 것이라고 합니다.

생활하면서 만나는 모든 사물, 상황에서 궁금한 것을 아이와 함께 고민하고 해결 방법을 알아보고자 할 때, 아이들은 자연스럽게 수학을 즐기고 나아가 잘하게 됩니다. 자동차를 타고 가면서 다른 자동차 번호판을 함께 읽어보거나 가장 큰 수를 찾는 놀이, 함께 요리하기, 아이와 같이 여행지를 정하고 계획하고 준비하기, 자연으로 나아가 만나게 되는 많은 자연물을 관찰하고 탐색할 때 아이들은 진정한 탐구자로 자라게 됩니다.

간디의 일화

간디를 무척이나 존경하는 아이를 둔 한 부모가 있었습니다. 그런데 이 아이는 단것을 너무 좋아해서 문제가 되었는데, 어떤 방법으로 지도를 해도 소용이 없었습니다. 부모는 간디를 찾아가 아이에게 단 음식을 먹지 않도록 이야기해 달라고 간곡하게 부탁했습니다.

하지만 간디는 즉석에서 아이에게 단것을 그만 먹으라는 이야기를 하지 않았지요. 대신 "1주일 뒤에 와주시오."하고 했습니다.

부모와 아이가 1주일 뒤에 다시 간디를 찾아 갔으나 이번에도 역시 "1주일 뒤에 다시 와주시오."하고 미루었습니다. 부모는 슬그머니 화도 났으나 1주일이 지나서 다시 간디를 찾아갔습니다.

결국 2주 후에 간디는 아이에게 "사탕과 같이 단것을 그만 먹어라."하고 말하면서, 처음에 그러한 이야기를 하지 못한 이유는 자신이 단것을 먼저 끊기 위해서는 시간이 필요했었다고 고백하였습니다. 즉, 자신이 실천하고 있지 않은 일을 다른 사람에게 권유하지 않는다는 원칙 때문에 2주 동안의 시간이 필요했던 것입니다.

출처: 박경미(2007). 수학비타민. 랜덤하우스코리아.

자녀에게 요구하는 것 중에 나부터 먼저 지켜야 할 것은 없는지 생각해보세요.

06 아이 수학교육! 이런 것이 궁금해요(Q&A)

"생활 속에서 경험하고 익히는 수학 활동의 의미를 음식에 비유하면…….
우리 몸에 좋은 유기농 음식과 같답니다."

다른 애들을 보면 수학 학습지를 아주 어릴 때부터 풀더라고요. 언제부터 학습지를 시작해야 할까요?

학습지 대신 여유로운 시간을 활용해서 다양한 놀이를 해보세요.

어린 연령일수록 학습지를 통해서만 수학을 만나게 되면 아이는 수학을 지루해하고 흥미를 잃게 됩니다. 부모님들이 아이에게 어릴 때부터 수학문제를 풀도록 하는 이유는 초등학교 수학을 잘하게 하려는 것입니다. 그러나 초등학교 수학은 갑자기 어렵거나 문제를 많이 풀어야만 하는 내용이 아닙니다. 초등학교 1학년 수학내용은 100까지의 수, 10의 가르기와 모으기, 도형, 비교, 분류, 규칙, 시각읽기, 간단한 덧셈과 뺄셈입니다.

이는 유아교육기관에서 다루는 내용으로 자연스럽게 연결 지을 수 있으므로 무리한 수학문제를 통한 학습은 바람직하지 않습니다. 그보다는 생활 속에서 만나는 문제를 해결하기 위해서 생각하는 시간과 수학적 사고를 키우는 놀이가 수학을 좋아하는 아이로 만들 수 있습니다.

주변에 보면 수학교구세트가 아주 비싸더라그요. 비싼 만큼 가치가 있는 거 아닐까 해서 샀는데 활용을 못 하고 있어요. 어떻게 해야 할까요?

집에 있는 물건들이 자녀에게 최고의 교재랍니다.

비싼 교재가 좋을 것이라는 생각은 이제 그만! 아이가 좋아하는 TV 리모컨의 숫자로 채널을 맞추기도 하고, 빨래를 갤 때 아이가 자신의 옷만 가져가 정리하도록 합니다. 아이가 좋아하는 블록을 크기나 색깔 별로 정리하게 하거나 창문부터 방문까지의 거리를 블록의 개수로 나타내보게 하거나 식탁을 차리게 하는 등 아이가 잘할 수 있고 아는 수준으로 수학적 사고를 키우도록 돕는 것이 좋습니다.

머리 좋은 아이로 키우고 싶은데 막상 어떻게 해야 할지 모르겠어요. 어떻게 해야 아이가 생각을 잘하는 아이로 자랄 수 있을까요?

유아의 흥미를 존중해 주고 생각을 자극하는 대화를 많이 해 주세요.

아이에게 어느 길로 가야 가장 빨리 놀이터로 갈지 물어봅니다. 아이는 여러 가지 길을 생각하게 되고 가장 빠른 길이 어느 길인지, 왜 그런지를 스스로 생각하게 됩니다. 샌드위치를 만들 때도 몇 명이 먹을지, 어떤 재료를 넣을지, 무엇을 사야 할지, 어떤 순서로 만들지, 어떻게 만들고 접시에 담아야 할지를 아이가 계획하고 직접 하도록 해주세요. 아이가 좋아하는 것에서부터 수학놀이를 시작한다면 아이는 스스로 자연스럽게 수학을 즐기게 된답니다 자동차를 좋아하는 아이라면 자동차의 번호판에서 접근할 수 있을 것이고 공룡을 좋아하는 아이라면 공룡의 크기나 식성에 따라 차례대로 놓아보게 하거나 분류해보는 것브터 시작해보세요.

아이들에게 해줄 게 너무 많아서 복잡하고 이것도 해주어야 하고 저것도 해주어야 하니 힘들어요. 놀이할 것도 너무 많아서 고민이 돼요.

한 번에 너무 많은 개념을 다루지 말아주세요.

일상생활에서 아이와 수학놀이를 할 때 주의할 점은 한꺼번에 너무 많은 수학개념을 다루지 않는 것입니다. 그럴 경우 아이는 지루해하거나 어렵게 생각하여 수학을 싫어하게 될 수도 있습니다. 아이의 연령과 발달, 흥미에 맞는 수학놀이를 아이가 하고 싶어 하는 만큼 즐겁게 하는 것이 가장 중요합니다. 아이가 만약 요즘 숟가락에 관심이 가 있는 상태라면 여러 종류의 숟가락을 크기대로, 무게대로 비교해 보게도 하고, 물에도 띄워보고, 숟가락으로 여러 가지를 떠보기도 하고, 숟가락으로 모양도 구성해 보는 놀이도 할 수 있답니다.

4 엄마가 함께 하는 수학놀이

"언제 어디서든 수학을 즐겨요"

아이와 함께 수학놀이를 하려고 하면 어떻게 해야 하는지 막막합니다. 교구도 필요할 것 같고 게임판도 필요할 것 같아 부모들은 불안하고 막연하기만 합니다. 하지만 아이들은 부모와 함께 놀이를 한다는 것만으로도 즐거워합니다. 수학을 너무 어렵게만 생각하지 마세요. 수학은 우리의 생활을 편리하고 행복하게 해 주려고 존재하니까요.아이와 함께 집에서 쉽게 구할 수 있는 물건들을 가지고 할 수 있는 수학놀이가 많이 있습니다. 집 안에서도 수학놀이를 쉽게 할 수 있고, 아이와 함께 외출해서도 가능합니다. 또한 자연으로 나가서도 할 수 있는 수학놀이도 있고, 재미있는 이야기를 들려 주고서도 할 수 있는 수학놀이가 많습니다.

이번 장에서는 **"집 안에서, 외출해서, 자연물을 가지고, 이야기를 통해"** 라는 네

가지 주제로 나누어서 수학놀이를 소개하고자 합니다. 각 주제별로 기본 활동과 심화 활동이 각 10개씩 총 80개로 구성되어 있습니다. 이들 활동은 모두 특별한 교재나 교구가 없이 할 수 있는 활동이며, 활동마다 구체적인 질문이 제시되어 있습니다. 기본 활동을 즐겁게 했다면 '더 놀고 싶어요' 활동을 통해 아이의 수학적 개념과 탐구 능력을 심화 · 확장해 보세요.

01 집 안에서 하는 수학놀이

집 안에는 많은 수학놀이가 숨어 있습니다. 눈을 크게 뜨고 한번 주위를 둘러보세요. 매일 보는 익숙한 물건들이지만 그 안에서 찾아낼 수 있는 수학원리는 무궁무진하답니다.

먼저 집 안에는 많은 모양이 있습니다. 원 모양의 시계나 냄비, 프라이팬 등도 있고, 네모 모양의 아이들 책상과 침대, 냉장고, 책 등이 있습니다. 집 안에서 모양 찾는 놀이는 아이들로 하여금 아주 자연스럽고 익숙하게 모양을 익힐 수 있는 방법이 됩니다.

집 안에서는 숫자도 많이 발견할 수 있습니다. 늘 보는 시계 안의 숫자는 1부터 12까지입니다. 달력도 아이들이 자주 보게 되는 숫자판이 됩니다. 달력에는 시계보다 많은 1부터 30혹은 31까지의 숫자를 만나게 됩니다. 시계의 정각부터 시작해서 "지금 7시니까 저녁을 먹을 시간이 되었네" 하거나 "지금 3시니까 밖에 나가서 놀아도 되겠다" 등으로 아이에게 시계 보는 방법과 시간에 대한 개념을 줄 수 있습니다. 달력도 마찬가지입니다. 아이들이 기다리는 날을 표시해 두고 아이와 함께 손꼽아 그 날을 기다릴 때 아이는 하루하루의 날의 개념을 아주 쉽게 익히게 됩니다. 그리고 하루, 이틀, 삼일…의 개념과 일주일의 개념, 그리고 나아가 한 달에 대해 조금씩 이해하게 됩니다.

이처럼 집 안에서의 수학놀이는 아이에게 아주 자연스럽게 수학을 익힐 수 있는 놀이터가 되어줍니다. 또한 즐겁게 수학을 익힐 수 있는 계기가 되기도 합니다. 또 하나! 집 안에서 구할 수 있는 많은 장난감들을 놓치지 마세요. 빨래집개도, 바둑알도, 병뚜껑도, 물통도, 나무젓가락도, 요구르트병도, 우유 곽도 훌륭한 수학놀잇감이 됩니다.

익숙하지만 많은 수학 이야기를 들려줄 집에서 수학놀이를 통해 아이들은 수학이란 책 속에서만 존재하는 나의 삶과는 무관한 어떤 것이 아니라 나와 함께 존재하고 내가 얼마든지 이용하고 조작할 수 있는 멋진 친구라는 사실을 인식하고 수학을 좋아하는 아이로 자라게 될 것입니다.

02 외출해서 하는 수학놀이

아이와 함께 외출하면 엄마들은 아이를 데리고 다니기가 힘들 때가 많습니다. 아이가 천방지축 뛰어다니거나 지루해 하거나 몸을 비비 꼬고 투정을 부리기 일쑤입니다. 그럴 때는 야단치거나 윽박지르시나요? 혹시 과자나 사탕과 같은 군것질거리로 아이를 달래시나요? 자녀의 사고력을 생각한다면, 아이와의 외출을 멋진 데이트로 만들고 싶으시다면 아이가 무엇인가 발견하고 생각할 '거리'를 주고 함께 동참해서 즐겨보세요.

예를 든다면 버스를 기다릴 때 아이에게 가만히 서있으라고 하기보다는 버스의 번호와 노선을 함께 읽어보세요. "지금 우리가 타려는 버스는 몇 번일까? 그래, 363이야. 숫자에 3이 몇 개 있지?" 라고 물어봐주세요. 숫자끼리 더해도 재밌고, 뒤집어서 읽어도 좋습니다. 글을 읽는 아이라면 노선을 함께 읽어보세요. "자, 여기서 출발할거야. 우리가 어디를 가려고 하지? 찾아보자, 시작!!!" 아이와 함께 노선을 찾고, 몇 정거장을 가야 하는지 손가락으로 세어가며 읽어보는 것도 재미난 활동이 될 수 있습니다. 버스에서도 벽에 붙은 노선도를 함께 보면서 몇 정거장 남았는지 생각해 보는 것도 재밌는 놀이가 됩니다. 지하철도 마찬가지입니다. 지하철 타러 가면서 몇 번 출구인지, 몇 호선인지, 몇 정거장

을 가야 하는지를 함께 알아봅니다. 또 지하철역마다 고유의 번호가 있는데 예를 들어 대화역은 310이랍니다. 앞의 3은 3호선을 뜻하는 숫자이고 뒤의 두 자리 수는 순번을 뜻합니다.

시장에 가는 것 역시 좋은 수학놀이 시간이 됩니다. 무엇을 살지 아이랑 함께 목록을 정해보세요. 그리고 몇 개를 살지, 얼만큼을 사야 할지를 정합니다. 그리고 아이와 함께 물건을 고르고 개수에 맞게 사고 계산하는 것은 아주 좋은 수학놀이랍니다.

아이들은 자연스럽게 물건을 세고 셈을 하게 되는데 이는 우리가 살아가면서 꼭 필요한 중요한 일입니다. 몸으로 배운 수학은 평생을 사용할 수 있게 된답니다.

그리고 아이를 대화의 상대로 인정하고 함께 무언가를 끊임없이 하는 그 과정을 통해 자녀가 돌봐줘야만 하는 대상이라는 생각에서 벗어나 부모나 아이 모두에게 서로의 존재감을 새롭게 확인하는 즐거운 시간이 될 수 있을 것입니다. 아이와 상호작용하면서 평소에는 몰랐던 자녀의 고민이나 생각의 특성을 발견하게 될 수도 있으며, 자녀와 대화하는 참된 즐거움을 누릴 수 있을 것입니다.

03 자연에서 하는 수학놀이

"자연 속에 숨겨진 수학을 찾아요, 수학아~ 자연아~ 같이 놀자!"

아이들은 자연으로 나가서 노는 것을 매우 좋아합니다. 자연을 만나게 되는 즐거움과 흥분 때문이 아닐까요? 자연 속에서 놀 때 아이들은 누가 시키지 않아도 꽃잎의 수를 세어보고 어떤 꽃이 가장 꽃잎이 많은지 이야기합니다. 풀 씨름을 하며 가장 힘센 풀을 알아내기도 하고, 나무에 키를 대어봅니다. 손 뼘으로 자연의 여러 가지 생명체들의 길이도 재어봅니다.

이처럼 자연 속에는 수많은 수학이 숨어 있습니다. 우선 수많은 모양들이 그러한 모양인 존재 이유를 가진 채 존재합니다. 동그란 모양의 수련의 잎, 세모 모양의 나뭇잎들, 네모 모양의 나무줄기와 동물의 몸통, 타원형의 새의 알, 육각형 모양의 벌집 등을 찾아볼 수 있습니다. 세모 모양의 나뭇잎은 손바닥처럼 펼쳐져서 햇빛을 많이 받을 수 있게 하며, 타원형인 새의 알은 동그란 원보다 덜 굴러서 떨어져 깨지지 않게 하기 위함이랍니다. 육각형 모양의 벌집, 대칭을 이루는 얼굴과 몸 등 수도 없이 많습니다. 자연 속 돌멩이 하나도, 눈송이 하나도 비교해 보면, 모두 그 모양이 각기 다 다른 것을 알 수 있습니다. 눈송이 외에도 호랑이 줄무늬, 표범의 점무늬, 파도와 사막의 모래언덕, 무지개

나 빗방울 등 모든 것이 수학을 담고 있습니다.

자연에는 다양한 숫자도 발견할 수 있습니다.

꽃잎의 개수를 세어보면 신기하게도 3, 5, 8, 13, 26, 34, 55개씩 나감을 알 수 있습니다. 이를 수학에서는 '순열'(각 수는 앞선 두 수의 합)이라고 한답니다. 이밖에도 자연 속 생명의 다양한 크기, 무게, 길이를 재어볼 수 있습니다. 자연 속에서 수집한 여러 가지 자연물들을 관찰하고 비교해 보고 무게도 재어보는 등 자연에서의 놀이는 무궁무진합니다. 자연에서의 놀이에서 아이들은 다른 어떤 것들에서 느낄 수 없는 재미와 즐거움을 한껏 느끼게 됩니다. 이러한 기쁨은 컴퓨터나 학습지로는 결코 맛볼 수 없는 '자연에서 배우는 수학의 맛'이 아닐까요?

04 이야기를 통한 수학놀이

"이야기는 아주 쉽게 수학을 이해하도록 도와준답니다."

아이들을 위한 동화 속 이야기는 유아교육 현장에서 오래 전부터 많이 활용되어 왔습니다. 그 이유는 동화 속 이야기가 아이들의 생활과 가까운 상황을 제공할 뿐 아니라, 유아의 흥미유발이나 감정이입 등에 적합하기 때문입니다.

유아수학교육에서 동화 속 이야기를 활용하게 되면, 유아의 수학에 대한 긍정적인 관심과 태도를 형성하는 데 도움이 됩니다. 동화 속 이야기를 수학교육에 사용하기 위해서는 우선 좋은 동화를 선정해야 합니다. 좋은 동화란 아이의 발달에 맞는 이야기 구조일 것입니다. 그리고 아이의 흥미나 관심사를 다루고 있어야 하고 읽기에 편한 동화여야 합니다. 또한 삽화가 아름답고 내용을 잘 나타내고 있어야 합니다. 아울러 수학적 내용이 담긴 알맞은 동화를 선정해야 합니다.

이러한 모든 기준에 가장 잘 부합하는 동화는 아마도 전래동화일 것입니다. 전래동화는 아이들에게 매우 익숙하고 이야기 전개가 분명하며, 우리 조상들의 지혜가 담겨져 있기에 좋은 수학놀이가 가능합니다. 아이와 함께 동화책을 읽는 것도 좋지만 집에서 늘 해주듯 아이들이 가장 좋아하는 엄마의 목소리로 들려주는 것도 좋을 것입니다.

하나의 이야기를 여러 번 반복해서 재미있게 듣고, 동화의 내용을 충분히 알고 난 뒤에 동화 속에 담긴 수학적 상황을 찾아보도록 합니다. 수학적 개념을 알아본 다음에는 아이의 일상생활과 연관지어 보고, 그림이나 노래 등 다른 방법으로도 표현해 보도록 합니다. 《해님 달님》 동화를 읽고 난 다음에는 아이와 엄마의 발과 손, 눈을 비교해 볼 수도 있고, 고개마다 호랑이에게 준 떡의 개수를 합산해 볼 수 있습니다. 《개구리와 황소》에서는 '점점 더 크게'를 몸으로 나타내어 볼 수도 있습니다. 《신데렐라》를 읽고는 시계를 살펴보고 시간이나 숫자를 다양한 소리나 몸동작으로 표현하는 것도 재미날 것입니다. 무엇보다 중요한 것은 아이와 함께 책을 보면서 그 과정을 즐기고 함께 몰입하는 부모의 태도임을 잊지 마세요.

자! 이제 '엄마와 함께 하는 수학 놀이'(이 책 Part Ⅱ)로 가서 신나게 놀이해볼까요?

자연속의 수학

• 딱따구리의 부리는 시속 20km 속도로 나무를 쫍니다. 딱따구리의 두개골에서 느껴지는 힘은 우주비행사가 수직 이륙할 때 느끼는 힘의 250배입니다. 그러나 딱따구리의 뇌는 아주 치밀한 뼈로 이루어져 있기 때문에 충격을 흡수할 수 있는 장치가 있는 셈이랍니다.
• 남아메리카산 독화살 개구리의 피부에는 독이 있는데 한 마리 독화살 개구리는 무려 1,500명의 사람을 죽이기에 충분한 양의 독을 가지고 있다고 합니다.
• 벌의 몸통을 보면 노랑과 검정의 패턴을 볼 수 있습니다. 이는 벌이 자신에게 침이 있음을 경고하는 것으로 눈에 잘 띄는 패턴을 사용했습니다. 인간은 여기서 아이디어를 얻어서 방사선 경보표시를 노란색과 검은색의 패턴으로 만들었답니다.

출처: 필게이츠(2003). 자연이 준 놀라운 발명품. 문공사.

• 얼룩말의 줄무늬는 흰색 줄과 검은색 줄의 패턴입니다. 이는 얼룩말이 자신을 보호하기 위해서이지요. 얼룩말은 자신을 해치려는 맹수가 나타나면 얼른 한 무리를 이루고 달린답니다. 맹수의 눈에는 줄무늬들이 모여 거대한 덩어리처럼 보이게 된다고 합니다. 보호색인 셈인데 맹수는 놀라서 덤빌 엄두를 못 내게 된답니다.
• 벌은 90m 이내에 꿀을 발견하면 집으로 와서 동료에게 알려주는데 이때는 단순한 원 모양을 그리며 춤을 춘다고 합니다. 만약 꿀이 많을 경우에는 몸짓이 빠른 춤을 춥니다. 또 90m 밖에 꿀이 있으면 벌들은 8자 모양을 그리며 춤을 춘답니다. 거리를 알고 알리는 벌의 능력이 놀랍기만 합니다.
• 거미는 거미줄을 치지만 곤충들만 거미줄에 걸리고 정작 거미는 자유롭게 거미줄을 왔다 갔다 하는 것을 볼 수 있습니다. 이는 거미줄에 가로줄과 세로줄이 있는데, 가로줄만 끈끈하고 세로줄은 그렇지 않으며, 거미는 세로줄로만 다니기 때문입니다.

출처: 함윤미(2005). 단숨에 키우는 동식물 상식. 진선출판사.

뇌에 담긴 수학

뇌는 24시간 동안 꼬박 일합니다.
뇌의 신호 중 가장 빠른 것은 시속 5백 80km의 속력이라고 합니다.
뇌세포는 1초에 수백에서 수천 개의 신호를 받아들이고 있습니다.
꿀벌의 뇌는 0.01g도 안되지만 복잡한 정보를 배울 수 있습니다.

출처: 예림당 편집부(2005). 어린이 인체백과. 예림당.

Part II

엄마와 함께 하는 수학놀이

01 집 안에서 하는 수학놀이

02 외출해서 하는 수학놀이

03 자연에서 하는 수학놀이

04 이야기를 통한 수학놀이

이렇게 활용하세요

활동에 해당하는 상황과 활동번호입니다.
(예 '집안에서 할 수 있는 수학놀이'의 첫 번째 활동)

활동을 위한 준비물입니다.

1 김밥을 말자

아이가 좋아하는 재료들로 준비해주시면 됩니다.

준비물 김밥 만들 재료들(단무지, 오이, 당근, 계란, 밥, 김), 김발

이 활동은 수학 관련 교육과정상 유치원에서는 '규칙성 이해하기 – 단순하게 반복되는 규칙 찾기'에 해당되며, 초등학교에서는 '규칙 – 규칙적인 배열에서 규칙 찾기'로 연계되는 활동입니다.

활동을 위한 tip입니다.

상호작용을 도울 수 있는 질문입니다.

유아수학과 초등수학 간의 연계를 살펴볼 수 있습니다.

순서대로 활동을 진행해 볼 수 있습니다.

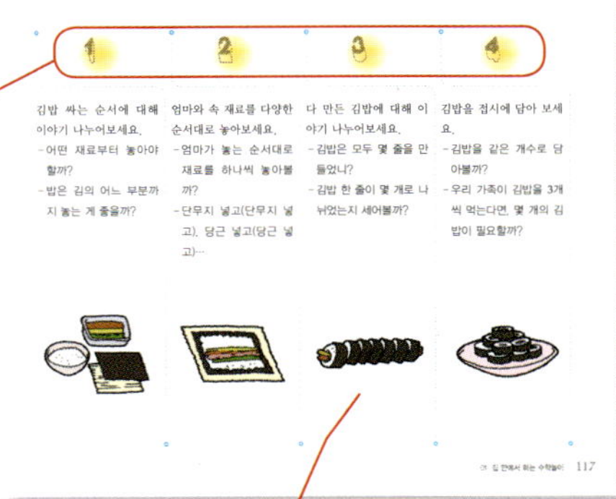

1	2	3	4
김밥 싸는 순서에 대해 이야기 나누어보세요. - 어떤 재료부터 놓아야 할까? - 밥은 김의 어느 부분까지 놓는 게 좋을까?	엄마와 속 재료를 다양한 순서대로 놓아보세요. - 엄마가 놓는 순서대로 재료를 하나씩 놓아볼까? - 단무지 넣고(단무지 넣고), 당근 넣고(당근 넣고)…	다 만든 김밥에 대해 이야기 나누어보세요. - 김밥은 모두 몇 줄을 만들었니? - 김밥 한 줄이 몇 개로 나뉘었는지 세어볼까?	김밥을 접시에 담아 보세요. - 김밥을 같은 개수로 담아볼까? - 우리 가족이 김밥을 3개씩 먹는다면, 몇 개의 김밥이 필요할까?

삽화를 보며 활동 진행의 이해를 도울 수 있습니다.

확장활동으로, 본활동 후에 더 놀이해 볼 수 있습니다.

〈더 놀고 싶어요〉를 할 때 이야기 나눌 수 있는 상호작용의 예입니다.

유아들이 활동지로 사용할 수 있습니다.

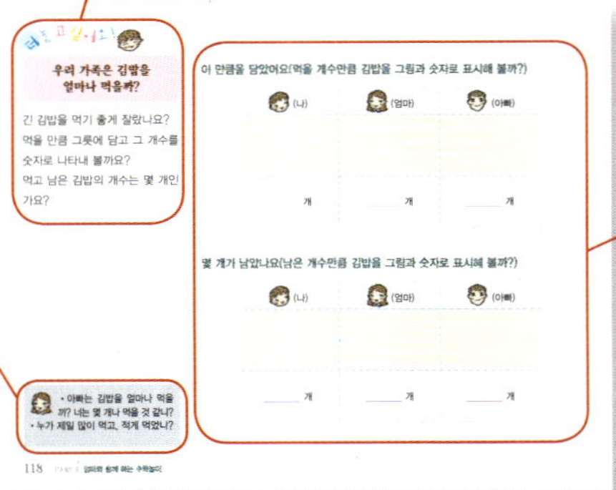

더 놀고 싶어요

우리 가족은 김밥을 얼마나 먹을까?

긴 김밥을 먹기 좋게 잘랐나요? 먹을 만큼 그릇에 담고 그 개수를 숫자로 나타내 볼까요? 먹고 남은 김밥의 개수는 몇 개인가요?

이 만큼을 담았어요(먹을 개수만큼 김밥을 그림과 숫자로 표시해 볼까?)

(나) (엄마) (아빠)

___개 ___개 ___개

몇 개가 남았나요(남은 개수만큼 김밥을 그림과 숫자로 표시해 볼까?)

(나) (엄마) (아빠)

___개 ___개 ___개

• 아빠는 김밥을 얼마나 먹을까? 나는 몇 개나 먹을 것 같니?
• 누가 제일 많이 먹고, 적게 먹었니?

01/ 집 안에서

1 김밥을 말자

아이가 좋아하는 재료들로 준비해주시면 됩니다.

준비물 김밥 만들 재료들(단무지, 오이, 당근, 계란, 밥, 김), 김발

➡ 이 활동은 수학 관련 교육과정상 유아교육기관에서는 '규칙성 이해하기 – 단순하게 반복되는 규칙 찾기'에 해당되며, 초등학교에서는 '규칙 – 규칙적인 배열에서 규칙 찾기'로 연계되는 활동입니다.

1

김밥 싸는 순서에 대해 이야기 나누어보세요.

- 어떤 재료부터 놓아야 할까?
- 밥은 김의 어느 부분까지 놓는 게 좋을까?

2

엄마와 함께 속 재료를 다양한 순서대로 놓아보세요.

- 엄마가 놓는 순서대로 재료를 하나씩 놓아볼까?
- 단무지 넣고(단무지 넣고), 당근 넣고(당근 넣고)…

3

다 만든 김밥에 대해 이야기 나누어보세요.

- 김밥은 모두 몇 줄을 만들었니?
- 김밥 한 줄이 몇 개로 나누었는지 세어볼까?

4

김밥을 접시에 담아 보세요.

- 김밥을 같은 개수로 담아볼까?
- 우리 가족이 김밥을 3개씩 먹는다면, 몇 개의 김밥이 필요할까?

더 놀고 싶어요!

우리 가족은 김밥을 얼마나 먹을까?

긴 김밥을 먹기 좋게 잘랐나요? 먹을 만큼 그릇에 담고 그 개수를 숫자로 나타내 볼까요? 먹고 남은 김밥의 개수는 몇 개인가요?

이 만큼을 담았어요(먹을 개수만큼 김밥을 그림과 숫자로 표시해 볼까?)

(나)	(엄마)	(아빠)
______ 개	______ 개	______ 개

몇 개가 남았나요(남은 개수만큼 김밥을 그림과 숫자로 표시해 볼까?)

(나)	(엄마)	(아빠)
______ 개	______ 개	______ 개

- 아빠는 김밥을 얼마나 먹을까? 너는 몇 개나 먹을 것 같니?
- 누가 제일 많이 먹고, 적게 먹었니?

제일 많이 남긴 사람은 ______ 에요

나는 ______ 개, 엄마는 ______ 개, 아빠는 ______ 개를 먹었어요.

우리 가족은 모두 ______ 개를 먹었어요.

2 동전들을 모아 모아

돈을 만지고 나면 손을 깨끗하게 씻도록 도와 주세요.

준비물 동전들이 담긴 저금통, 천 원짜리 지폐

저금통에 모은 동전을 같은 것끼리 모아볼까?

동전을 10개씩 모아 세볼까?

10개 묶음이 제일 많은 동전은 무엇이니?

➡ 이 활동은 수학 관련 교육과정상 유아교육기관에서는 '수 감각 기르기 – 구체물을 10까지 세고 숫자와 연결해보기'에 해당되며, 초등학교에서는 ' 연산 – 100까지의 수 – 더하기와 빼기'로 연계되는 활동입니다.

1

동전을 같은 것끼리 모아보세요.

- 동전을 같은 것끼리 모아볼까?
- 어떤 동전이 많아 보이니?

2

같은 숫자끼리 모은 동전들을 세어보세요.

- 동전을 10개씩 모아서 세볼까?
- 10개씩 모은 동전 묶음은 모두 몇 묶음이니?
- 묶음이 되지 않는 나머지는 몇 개니?

	10	50	100	500
10개 묶음의 수				
남은 동전의 수				

3

10개씩 묶은 각 동전들의 개수를 비교해 보세요.

- 10개씩 묶음이 제일 많은 순서대로 동전을 놓아볼까?
- 남은 동전의 개수가 제일 많은 것은 무엇이니?

더 놀고 싶어요!

같은 높이로 쌓으려면

10개씩 묶은 동전의 높이는 얼마나 될까요? 그 높이와 같은 물건을 찾아보세요.
블록 높이만큼 동전을 쌓으려면 몇 개의 동전이 필요할까요?

동전을 쌓은 높이와 같은 것은 어떤 게 있을지 찾아보자.

동전 10개=

동전 20개=

• 동화책의 두께만큼 동전을 쌓아볼까?
• 책 3권 정도의 두께만큼 동전을 쌓아보자. 몇 개의 동전이 필요할까?

같은 높이가 되려면 동전을 몇 개 쌓아야 할까요?

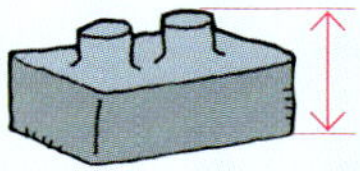	동전 ______ 개
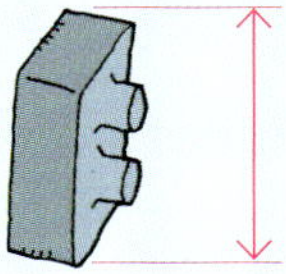	동전 ______ 개
	동전 ______ 개

3 채소로 모양 만들기

감자 대신에 오이, 햄 등과 같이 이쑤시개에 끼울 수 있는 재료는 무엇이든 된답니다.

준비물 감자, 도마, 칼, 이쑤시개

➡ 이 활동은 수학 관련 교육과정상 유아교육기관에서는 '공간 및 도형에 대해 알아보기–평면도형(동그라미, 세모, 네모)을 설명하기'에 해당되며, 초등학교에서는 '도형–입체도형의 구성'으로 연계되는 활동입니다.

1

감자의 모양에 대해 이야기 나누어주세요.

- 감자는 모양이 어때?
- 집에 감자와 비슷한 모양을 가진 것은 무엇이니?

2

감자를 여러 방향으로 잘라 보세요.

- 반을 자르면 어떤 모양일까?
- 자른 감자를 네모 모양이 되도록 잘라보자.

3

작은 네모 모양으로 자른 감자와 이쑤시개를 이용해서 여러 가지 모양을 만들어 본다.

- 세모를 만들려면 감자 몇 개와 이쑤시개 몇 개가 있어야 할까?
- 다른 방법으로 세모를 만들어 볼 수 있니?
- 감자 6개와 이쑤시개 8개로 만들 수 있는 모양은 어떤 것이 있니?

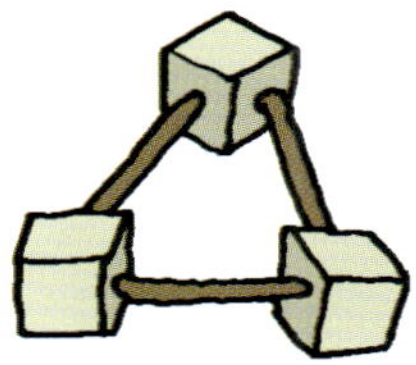

더 놀고 싶어요!

이쑤시개를 연결해서 모양 만들기

깍둑썰기 한 음식 재료들과 이쑤시개를 이용해 그림처럼 모양을 만들어 보고 점과 선의 개수를 알아보세요.

모양대로 만들어 볼까?		
뾰족한 점의 개수	______ 개	______ 개
선의 개수	______ 개	______ 개

• 깍둑썰기한 음식 재료 4개를 이쑤시개로 연결해서 모양을 만들어 볼까?

• 육각형을 만들려면 깍둑썰기한 음식 재료들과 이쑤시개가 몇 개 필요할까?

모양대로 만들어 볼까?		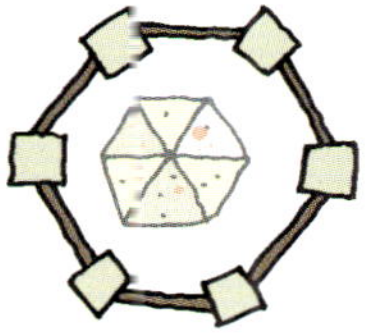
뾰족한 점의 개수	______ 개	______ 개
선의 개수	______ 개	______ 개

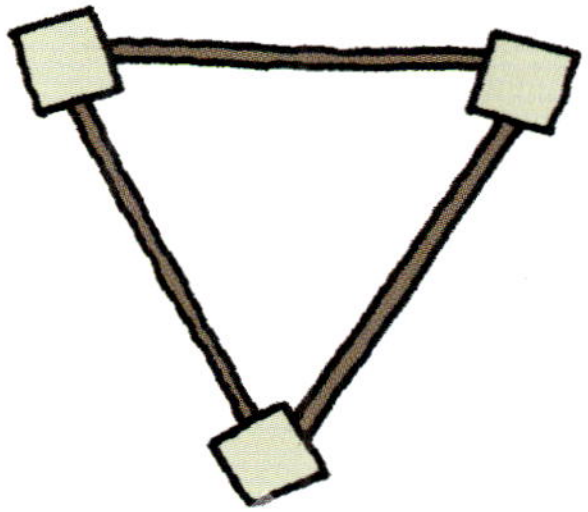

4 빨래를 가지고서

준비물 여러 가지 빨래

➡ 이 활동은 수학 관련 교육과정상 유아교육기관에서는 '자료 정리 및 결과 나타내기 – 분류하기'에 해당되며, 초등학교에서는 '비교하기–분류하여 세어보기'로 연계되는 활동입니다.

1

빨랫감을 여러 가지 방법으로 분류해 주세요.

- 빨래를 색깔 옷과 흰옷으로 나누어 볼까?
- 속옷과 겉옷으로 나누어 보자.

2

다 된 빨래를 건조대에 널어 말려 보세요.

- 윗도리는 위에 널어볼까?
- 양말은 같은 짝끼리 나란히 널어보자.

3

빨랫감을 개면서 측정을 해보세요.

- 네 옷에 비해 아빠 바지는 얼마나 큰지 손 뼘으로 재어볼까?

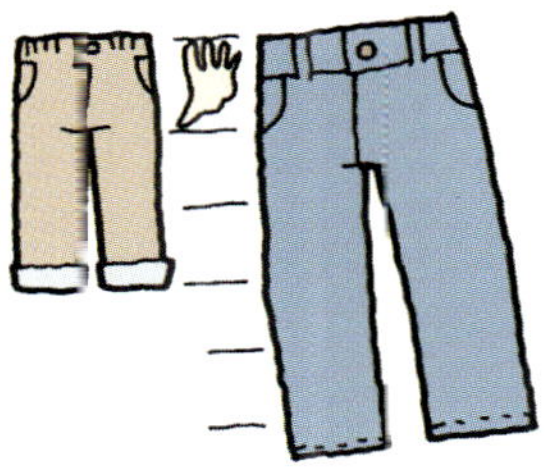

4

빨래를 제자리에 정리해 보세요.

- 우리 가족 빨랫감 중에 누구 것이 제일 많니?
- 아빠의 양말은 어느 칸에 넣어야 할까?

더 놀고 싶어요!

내 옷 VS 아빠 옷

옷의 크기와 무게를 비교해 보세요.

허리길이	______ 뼘	______ 뼘
다리길이	______ 뼘	______ 뼘
무게	______ g	______ g

- 몇 뼘이나 더 크니?
- 어떤 게 더 무겁니?

엄마 옷과 내 옷도 비교해 볼까요?

		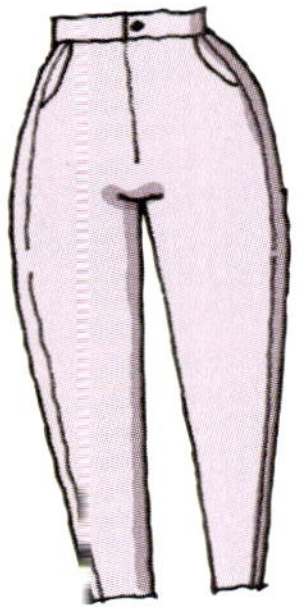
허리길이	______ 뼘	______ 뼘
다리길이	______ 뼘	______ 뼘
무게	______ g	______ g

5 이불과 내 키!!!

준비물 이불, 베개

내 키로
이불 길이를 재볼까?

내 키를 빼고 남는
이불의 길이를
손 뼘으로 재볼까?

이불을 베개로 재볼까?

이불의 가로, 세로 길이가 같을까,
다를까?

➡ 이 활동은 수학 관련 교육과정상 유아교육기관에서는 '기초적인 측정해 보기-임의 측정(손 뼘, 블록 등)을 사용해서 길이, 들이 등의 측정 경험하기'에 해당되며, 초등학교에서는 '측정-여러 가지 양의 비교'로 연계되는 활동입니다.

1

아이가 쓰는 이불에 누워 키와 이불 길이를 비교해 보세요.

- 이불에 누워 보면 네 키와 이불 중에 무엇이 길까?
- 엄마가 누워 보면 어떨까?

2

엄마 이불에 누워 남는 길이를 재보세요.

- 엄마 이불에 누워 보면 얼만큼이 남니?
- 남는 길이를 만큼 되는 물건을 찾아올래?

3

엄마 이불에 엄마와 내가 누웠을 때 남는 길이를 손 뼘으로 재보세요.

- 너가 누웠을 때는 남는 몇 뼘이나 남니?
- 엄마가 누우면 얼마나 남을까?

4

베개를 이용해 이불 길이를 재어 본다.

- 베개와 손 뼘으로 이불의 길이를 재볼까?

	손 뼘	베개
이불	______ 뼘	______ 개

더 놀고 싶어요!

식탁은 얼마나 넓을까?

식탁은 얼마나 넓을지 알아볼까요? 식탁을 가득 채우려면 A4 몇 장이나 펼쳐야 할지 생각해 보세요. 색종이는 몇 장이 있어야 할까요?

	식탁 덮을 종이의 개수를 표시해 볼까?	몇 장이 필요했니?
A4		______ 장
색종이		______ 장

• 식탁을 가득 채우려면 A4 몇 장이 필요할까? 색종이로 하게 되면 몇 장이 있으면 될까? 침대와 식탁 위를 채우기 위해 A4 몇 장이 필요할지 비교해볼까?

	종이의 개수를 표시해 볼까?	몇 장이 필요했니?
 식탁		______ 장
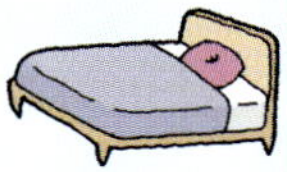 침대		______ 장

6 아빠 넥타이는요…

반복된 무늬가 있는 스카프나 치마 등을 이용하셔도 됩니다.

준비물 반복된 줄무늬가 있는 넥타이, 활동지, 색연필

➡ 이 활동은 수학 관련 교육과정상 유아교육기관에서는 '규칙성 이해하기– 반복되는 규칙을 알고 다음에 올 것을 예측하기'에 해당되며, 초등학교에서는 '규칙–규칙적인 배열에서 규칙 찾기'로 연계되는 활동입니다.

1

옷장에서 규칙성이 있는 넥타이를 찾아보세요.

- 옷장에서 두 가지 색이 번갈아 사용된 넥타이를 찾아볼래?
- 어떤 색이 사용되었니?

2

넥타이에 있는 규칙성을 찾아보세요.

- 흰색 줄, 초록색 줄 다음에는 어떤 색이 사용되었니?
- 넥타이 색에는 어떤 규칙(약속)이 숨겨져 있니?

3

흰색과 초록색(넥타이의 색)을 이용해서 다른 패턴을 만들어 보세요.

- 넥타이에 사용된 색을 이용해서 다른 패턴을 만들어 볼까?

예 흰색–초록, 초록–흰색–초록, 초록–흰색…
초록–흰색, 흰색–초록

- 세 가지 색깔로 패턴을 만들어 본다면 어떤 규칙으로 만들 수 있을지 넥타이를 색칠해 볼까?

더 놀고 싶어요!

촉감 패턴의 넥타이를 만들자

넥타이 모양 그림에 키친타올과 호일, 랩을 붙여서 규칙적인 촉감 패턴을 만들어 보세요

• 엄마가 만든 촉감 패턴을 보지 않고 만지기만 해서 다음에 사용해야 할 재료는 무엇일지 알아 맞혀 볼까?

또 다른 패턴을 만들어 볼까요?

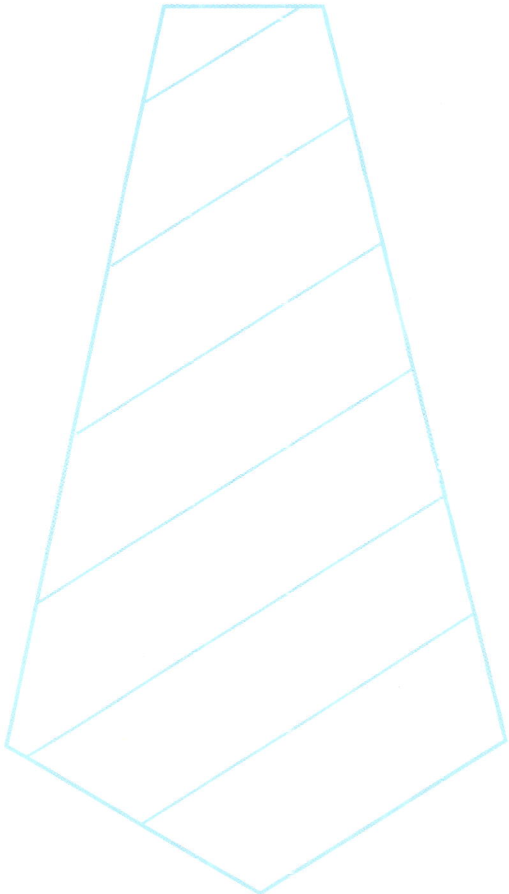

7 우리 가족의 수만큼…

이를 닦으며 식사준비를 하며, 매 상황 속에서 반복해서 접하도록 해 주세요.

준비물 젓가락, 양말, 칫솔, 베개

가족 수만큼 필요한 물건은 무엇이 있을까?

가족 수만큼 필요한 물건 중 짝이 있는 것은 무엇일까?

젓가락은 사람의 수가 늘어날수록 몇 개씩 더 필요할까?

➡ 이 활동은 수학 관련 교육과정상 유아교육기관에서는 '자료 정리 및 결과 나타내기 – 분류하기'에 해당되며, 초등학교에서는 '분류하여 세어보기'로 연계되는 활동입니다.

1

엄마와 내 몸에 있는 것은 몇 개씩인지 찾아보세요.

- 몸에서 한 개씩 있는 것은 무엇일까?
- 내 몸에서 짝이 있는 것을 찾아볼까?

2

가족 수만큼 필요한 물건을 찾아보세요.

- 가족 수만큼 필요한 물건을 찾아볼까?
- 하나씩 필요하지만 짝이 있어야 하는 물건은 무엇이니?

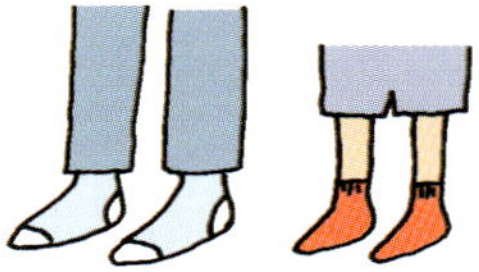

3

짝이 필요한 물건들의 개수에 대해 생각해 보세요.

- 가족 한 명이 늘어날수록 양말은 몇 개씩 늘어나니?
- 가족 한 명이 줄어들면 양말이 몇 개 줄어들까?

4

가족 수가 늘어날수록, 짝이 되는 물건의 개수가 몇 개씩 늘어나는지 세어 보세요.

- 가족이 2명이라면 젓가락은 모두 몇 개가 있어야 할지 숫자로 써볼까?
- 늘어나는 개수의 숫자를 읽어볼까? 그 다음에는 어떤 숫자가 올까?

	나	나, 엄마	나, 엄마, 아빠
필요한 젓가락		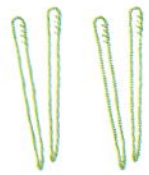	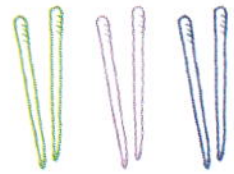
젓가락 개수	______ 개	______ 개	______ 개

더 놀고 싶어요!

묶음으로 되어 있는 것은?

시장에 다녀온 후 사 온 물건을 정리하면서 물건들 중에 묶음으로 되어 있는 것들을 찾아보세요.

예 치즈(2장), 초코파이(12개), 요구르트(5개), 가베(20개), 색연필(12색), 계란(10개)

몇 개씩 한 묶음으로 되어 있는지 세어보세요.

묶음으로 되어 있어요	한 묶음에 몇 개가 들어 있나요?	두 묶음이면 몇 개가 될까요?

• 한 묶음에 몇 개가 있니? 각각의 묶음으로 된 물건이 두 묶음이 있다면 개수는 어떻게 될까?

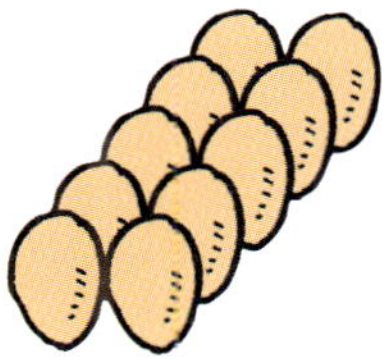

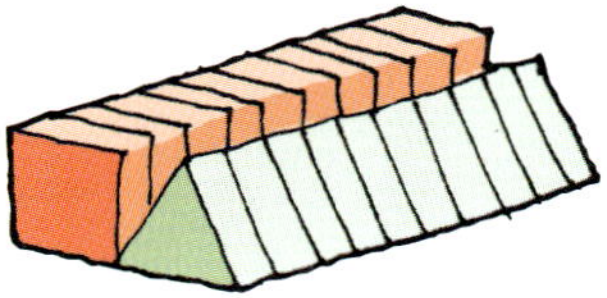

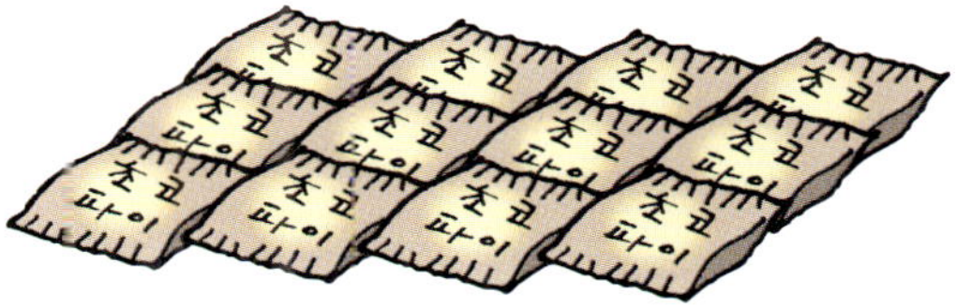
초코
파이

8 상자들을 펼쳐보면 …

재활용 분리수거를 하기 전에 종이로 된 상자를 골라서 꺼내보는 것도 좋은 분류 활동이 됩니다.

준비물 여러 가지 종이 상자, 칩(레고나 구슬 등 크기가 동일한 것)

이 활동은 수학 관련 교육과정상 유아교육기관에서는 '공간 및 도형에 대해 알아보기 – 기본 입체 특징과 이름 이해하기'에 해당되며, 초등학교에서는 '도형 – 입체도형의 구성'으로 연계되는 활동입니다.

1

상자들을 크기 순서로 나열해보세요.

- 상자를 포개 보고 번호를 써 볼까?
- 순서대로 나열한 것이 맞는지 확인해보자.

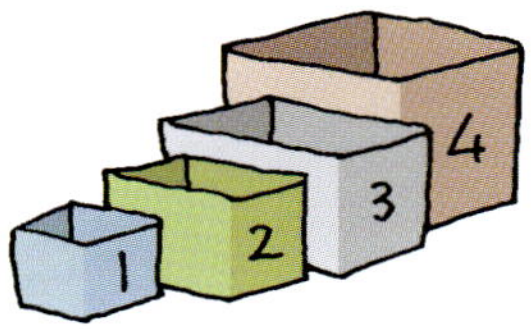

2

상자에 칩을 담아서 개스를 세어보세요.

- 상자에는 몇 개의 칩이 들어갈 수 있을까?
- 상자에 직접 칩을 넣으며 수를 세어보자.

3

상자들을 이음새에 따라 펼쳐보세요.

- 크기가 다른 상자에는 각각 몇 개의 네모가 있을까?
- 각 상자가 몇 개의 네모로 이루어졌는지 세어보자.

4

상자를 펼쳐 오려 보며 어떤 네모가 모여서 하나의 상자를 만들고 있는지 알아보세요.

더 놀고 싶어요!

상자의 비밀

상자를 가지고 재미있게 놀이해 보았나요?
상자에는 재미있고도 신기한 비밀이 숨어 있답니다.
놀이를 하면서 발견한 상자의 비밀을 적어 보세요.

• 상자에 네모가 몇 개 있니?
• 뾰족한 부분(꼭짓점)은 몇 개가 있니?
• 서로 마주보는 네모는 모양이 어떠니?

이가 발견한 상자의 비밀

1 하나의 상자를 만들려면

개의 네모가 있어야 해요.

❷ 상자를 포장하려면 신문지는 얼마나 필요할까요?
포장할 상자가 커지면 신문지의 크기는 어떻게 될까요?

9 우리 가족의 나이는 몇 살?

10 자리수가 넘어가는 것을 어려워할 수 있으니 충분히 경험할 수 있도록 천천히 진행하세요.

준비물 나무젓가락(엄마, 아빠의 나이를 합한 것만큼), 가족 앨범

우리 가족 중에 누가 가장 나이가 많을까(적을까)?

내 나이랑 엄마 나이는 얼마나 차이가 날까?

우리 가족의 나이를 모두 합하면 얼마나 될까?

➡ 이 활동은 수학 관련 교육과정상 유아교육기관에서는 '수 감각 기르기 – 수의 활용 의미 / 익숙한 큰 수 세기 / 수의 크기 비교'에 해당되며, 초등학교에서는 '수 – 50까지의 수/ 더하기'로 연계되는 활동입니다.

1

우리 가족의 나이를 숫자로 써서 비교해 보세요.

- 너와 동생의 나이를 숫자로 써 볼까?
- 누구 나이가 얼만큼 많니?

2

엄마, 아빠의 나이를 나무젓가락으로 세어보세요.

- 엄마의 나이를 나무젓가락 10개씩 묶어 세어볼까?
- 10개 묶음이 되지 않는 낱개는 몇 개니?
- 누구의 나이가 더 많으니(적으니/같니)?

3

우리 가족의 나이를 모두 더해 보세요.

- 우리 가족 나이를 모두 더하면 나무젓가락이 몇 개가 되는지 묶음 세기로 알아볼까?
- 숫자로 쓴 우리 가족의 나이를 계산기로 더해 볼까?

더 놀고 싶어요!

우리 가족의 나이 그래프

우리 가족의 나이를 그래프에 표시해 보세요.
나이가 얼마나 다른지 알아보세요.

• 우리 가족의 나이로 그래프를 만들어 볼까?
• 그래프는 어느 칸에서부터 채우면 비교하기 좋을까?
• 그래프에서 보면 누구의 막대가 가장 길까(짧을까)?

색연필을 이용해서 아빠(엄마, 나, 동생) 나이의 수를 묶음으로 표시해 보세요.

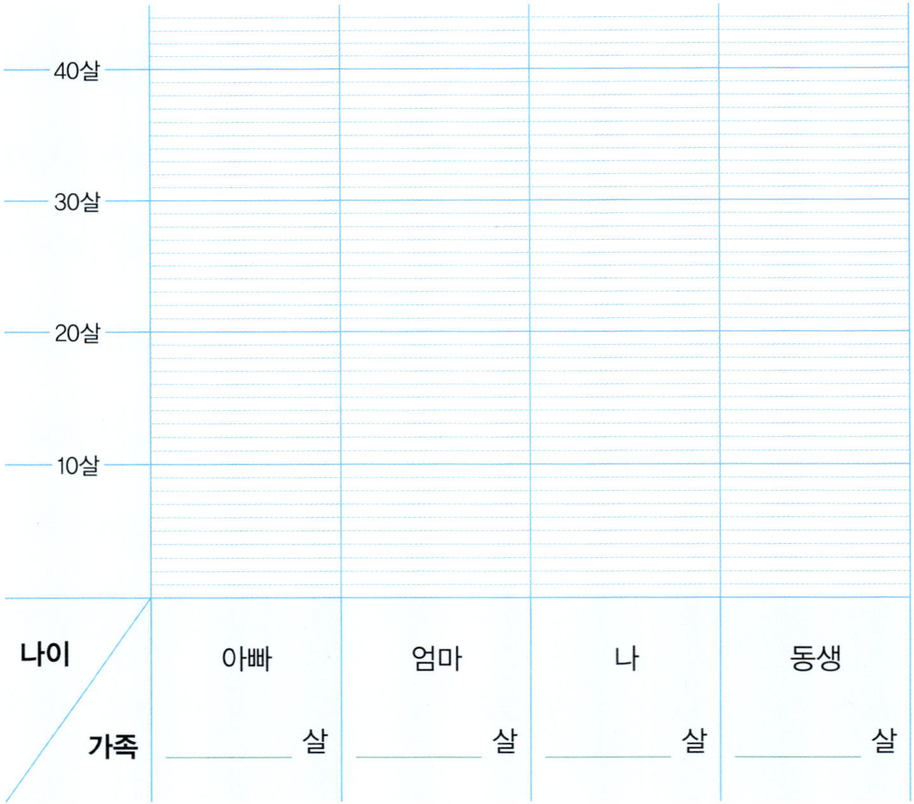

35 + 3 + 6 + 32

10 달력에서 찾아라!!!

작은 책상용 달력보다는 숫자가 크게 적힌 달력이 좋습니다.

준비물 달력

일 년 중 제일 기다려지는 날을 달력에서 찾아볼까?

한 달의 달력에서 제일 큰 숫자를 찾아 표시해볼까?

내가 표시한 날이 되려면 얼마나 기다려야 할까?

➡ 이 활동은 수학 관련 교육과정상 유아교육기관에서는 '수 감각 기르기 – 수의 활용 의미 / 거꾸로 수 세기 / 익숙한 큰 수 세기'에 해당되며, 초등학교에서는 '수 – 50까지의 수'로 연계되는 활동입니다.

1

달력을 자세히 살펴 보세요.

- 달력은 가로(세로) 줄은 몇 개니?
- 달력의 가로 한 줄은 몇 칸으로 나누어져 있니?

2

달력을 다양한 방법으로 읽어 보세요.

- 달력에서 숫자 한 개로 되어 있는 날을 찾아 읽어볼까? 모두 몇 개니?
- 빨간색으로 되어 있는 날짜만 읽어볼까?
- 같은 숫자가 있는 날짜를 읽어 보자.

3

달력에서 특별한 날을 표시해 본다.

- 오늘부터 제일 가까운 우리 가족의 생일은 몇 일이니?
- 달력을 보면서 며칠이 남았는지 세어 볼까?

더 놀고 싶어요!

달력을 채워 보세요

달력에 있는 숫자를 살펴보세요. 빈 칸에는 빠진 날을 쓰고, 그 날은 오늘 날짜부터 얼마나 남았는지 또는 얼마나 지났는지 세어 보세요.

일	월	화	수	목	금	토
		1	2	3		5
6	7		9	10	11	12
13	14	15	16		18	19
20		22	23	24	25	26
	28	29		31		

일	월	화	수	목	금	토
		1		3	4	5
6	7	8	9	10	11	
13	14	15	16	17	18	19
20	21		23	24	25	26
27	28	29	30	31		

- 달력에 빠진 날을 쓰고 몇 밤을 자고 나면 그 날이 되는지 세어볼까?
- 빈 칸에 빠진 날들의 같은 점은 무엇일까?

02 외출해서

1 따릉 따릉 자전거

> 네발 자전거나 씽씽이 등 아이가 가지고 있는 탈것은 무엇이든 될 수 있어요.

준비물 자전거

자전거 바퀴살은
어떤 모양이고
몇 개일까?

한 바퀴가 돌아서 갈 수 있는
거리는 얼만큼일까?

앞에 있는 나무까지 몇 바퀴가 걸릴까?

➡ 이 활동은 수학 관련 교육과정상 유아교육기관에서는 '기초적인 측정해보기 – 임의의 측정 단위를 사용해서 길이, 들이 등의 측정 경험하기'에 해당되며, 초등학교에서는 '측정 – 길이 재고 비교하기'로 연계되는 활동입니다.

1

자전거의 바퀴를 살펴보세요.

- 자전거에는 몇 개의 바퀴가 있니?
- 바퀴의 크기는 서로 어떠니?

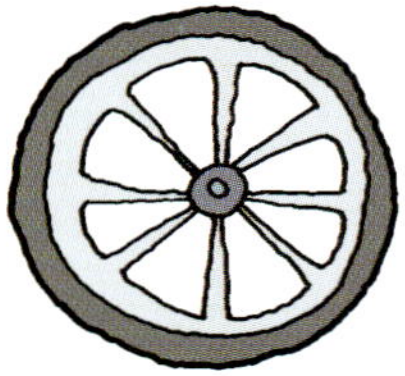

2

자전거 바퀴에 있는 살의 개수를 세어보세요.

- 바퀴에는 몇 개의 살이 있니?
- 앞바퀴와 뒷바퀴의 개수는 같을까?

3

페달을 한 번 돌리면 갈 수 있는 거리를 확인해보세요.

- 자전거의 지금 위치를 바닥에 표시해 보세요.
- 자전거 페달을 한 바퀴 돌리면 얼만큼 갈 수 있을까?

4

앞에 있는 나무나 선이 있는 곳까지 가는 데 페달을 몇 번 돌려야 할지 함께 예상해 보고 세어보세요.

- 저기 앞에 있는 나무까지 가려면 페달을 몇 번 돌려야 할까?
- 직접 세어 보니까 생각한 것과 얼마나 차이가 나니?

더 놀고 싶어요!

자전거 바퀴와 내 발자국

자전거 페달을 한 번 돌리면 갈 수 있는 거리는 얼만큼인가요? 자전거 페달 한 번 돌려서 갈 수 있는 거리를 다양한 방법으로 재어 볼까요?

자전거 페달을 ___ 번 돌리는 것은 내 발자국 ___ 개와 같아요.

가볼 곳	내 자전거 바퀴	내 발자국
 나무까지	___ 번	___ 개
	___ 번	___ 개
	___ 번	___ 개
	___ 번	___ 개

- 자전거 페달을 한 번 돌리는 거리는 네 걸음으로 몇 발자국이니?
- 엄마 발자국으로는 몇 개일까?
- 발자국으로 먼저 가본 다음 페달을 몇 번 돌리는 거리인지 생각해볼까?

엄마 발자국	
______ 개	______ 개
______ 개	______ 개
______ 개	______ 개
______ 개	______ 개

2 놀이터에서 뱅뱅뱅

다른 친구들에게 방해 받을 수 있으니 한산한 놀이터에서 활동하세요.

놀이기구 중에서 가장 타고 싶은 것은 무엇이니?

놀이기구 탈 때 가장 오랜 시간이 걸릴 것 같은 것은 무엇일까?

놀이기구별로 순서를 정해서 타보자.

➡ 이 활동은 수학 관련 교육과정상 규칙성 이해하기 – 생활주변에서 반복되는 규칙을 알고 다음에 올 것을 예측해 보기 ⇒ 규칙성과 문제해결 – 규칙적인 배열에서 규칙 찾기로 연계되는 활동입니다.

1

놀이터에 있는 놀이기구와 그 위치, 놀이 방법에 대해 이야기 나누어보세요.

- 놀이터에 어떤 놀이기구들이 있니?
- 한 번 타는 데 시간이 가장 오래 걸리는 것은 무엇일까?

2

타고 싶은 놀이기구를 골라 몇 번 탈지 횟수를 정해 보세요.

- 타고 싶은 놀이기구는 무엇이니?
- 몇 번 타고 싶니?

3

타고 싶은 놀이기구들의 순서를 정하고 타보세요.

- 어떤 놀이기구부터 타고 싶니?
- 타고 싶은 순서와 횟수를 정해보자.

예 미끄럼틀 2번 – 그네 1번 – 미끄럼틀 2번 – 그네 1번

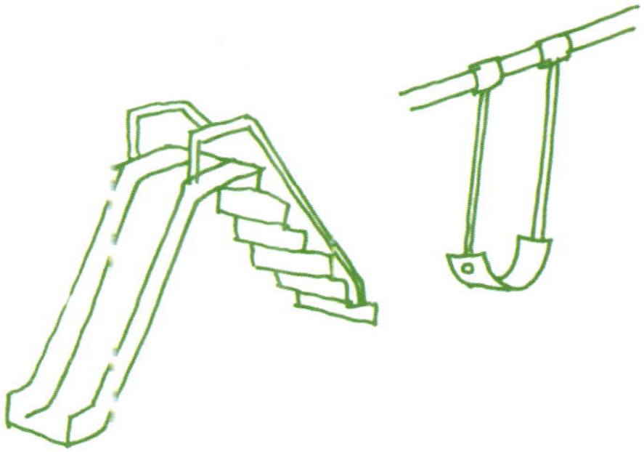

더 놀고 싶어요!

더 오래 걸려요

놀이기구를 다르게 표현하고 순서대로 타며 놀이해 보았나요? 같은 개수의 놀이기구를 이용해서 놀이약속(패턴)을 만들어 보고 누구의 패턴이 직접 해보기에 가장 오래 시간이 걸리는지 알아보세요.

예 미끄럼틀(△) → 시소(□) → 그네(○) ⇒ △ □ ○, △ □ ○→

내가 만든 놀이 순서

[ ] → [ ] → [ ]

놀이를 [ ] 분에 시작해서 [ ] 분에 끝내서

[ ] 분이 걸렸어요.

- 어떤 순서대로 놀이하는 게 재미있을 것 같니?
- 엄마가 만든 놀이약속은 시간이 얼마나 걸릴 것 같니?
- 10분에서 20분까지 걸렸으면 몇 분이 걸린 거니?

엄마가 만든 놀이 순서

→ →

놀이를 분에 시작해서 분에 끝내서

분이 걸렸어요.

엄마와 내가 만든 놀이 순서

→ →

놀이를 분에 시작해서 분에 끝내서

분이 걸렸어요.

3 도서관

어린이 도서관에 가는 것이 어렵다면 서점의 어린이 도서 영역에서 활동하실 수 있답니다.

도서관의 책들은 어떤 약속으로 정리되어 있나요?

가장 큰/ 두꺼운/ 긴 책은 어떤 것인가요?

책꽂이에는 몇 권의 책이 있을까요?

➡ 이 활동은 수학 관련 교육과정상 '기초적인 측정하기–길이, 크기, 무게를 비교하고 순서 짓기 ⇒ 측정–길이, 무게 측정하기'로 연계되는 활동입니다.

1

책꽂이에 있는 책들을 살펴보고 어떤 약속으로 정리되어 있는지 알아보세요.

- 도서관에서 책을 찾으려면 어떻게 해야 할까?
- 도서관의 책들은 어떤 약속에 따라서 정리가 되어 있을까?(크기, 내용…)

2

도서관의 책꽂이 한 칸에 꽂혀 있는 책의 수를 예상해보고 세어보세요.

- 책꽂이 한 칸에는 몇 권의 책을 꽂을 수 있을까?
- 다른 칸과 ㅂ 교해보던 책의 수가 어떨까?

3

크기, 길이, 두께 등 책을 다양하게 비교해보세요.

- 이 칸에서 가장 큰 책은 어떤 책이니?
- 가장 크다는 것을 어떻게 알 수 있지?
- 가장 두꺼운 책은 어떤 책이니?
- 페이지 수가 많은 책이 가장 두꺼운 책이니?

더 놀고 싶어요!

최고의 책

도서관에서 여러 가지 책을 많이 만나 보았나요?
만난 책 중에서 '최고의 책'은 어떤 책인지 찾아보고 　　　 에 책 제목을 써 보세요.

• 이 책이 저 책보다 더 길다는 것을 어떻게 알 수 있을까?
• 가장 두꺼운 책이 가장 페이지 수가 많지 않은 이유는 뭘까?
• 네가 고른 책이 어떤 부분에서 최고인지 말해보자.

최고의
장(페이지) 수 상

최고의
제목길이 상

최고의 두께상

4 자동차 번호판

준비물 연필, 종이

자동차에 숨겨진
숫자를 찾아볼까?

길거리에서 본
자동차 번호에는
어떤 것들이 있었니?

번호판에는 몇 개의 숫자가 있니?

➡ 이 활동은 수학 관련 교육과정상 유아교육기관에서는 '수 감각 기르기 – 수의 활용 의미 / 수의 크기 비교'에 해당되며, 초등학교에서는 '수 – 50까지의 수 더하기'로 연계되는 활동입니다.

1

자동차를 찾아 번호판을 살펴보세요.

- 번호판에 어떤 숫자가 적혀 있니?
- 몇 개의 번호가 써 있니?

2

번호판의 숫자에 대해 알아보세요.

- 자동차 번호판에서 제일 큰 숫자를 골라볼래?
- 제일 작은 숫자는 무엇이니?

3

숫자의 크기 순서대로 번호판을 만들어 보세요.

- 숫자 크기 순서대로 번호판을 만들어 볼까?

예 1 2. 3. 4 / 6. 5. 4. 3

- 만든 번호판 중에 가장 큰 숫자로 시작하는 것은 무엇이니?

4

자동차 번호를 만들 수 있는 여러 방법을 생각해 보세요.

- 두 개의 숫자로 만들 수 있는 자동차 번호의 종류는 몇 개일까?
- 세 개의 숫자로 만들 수 있는 자동차 번호는 몇 개니?

더 놀고 싶어요!

자동차 번호판을 크기 순서대로

아래 빈 칸에 0~9 사이의 숫자 네 개를 써서 번호판을 만들어 보세요. 그리고 그 숫자를 계산기로 더하고 가장 큰 숫자, 가장 작은 숫자, 짝수에 표시해주세요.

❶ 활동의 예

43가
1 2 3 4

❷ 숫자를 써서 자동차 번호판을 만들어보세요.

• 자동차 번호판에 들어 있는 숫자들을 잘 찾아보았니?
• 자동차 번호판을 3개를 완성해 보고, 번호판의 숫자를 모두 더한 합이 제일 큰 순서대로 놓아볼래?

❸ 활동을 해보세요

내가 만든 차 번호판			
숫자를 더하면?	( )	( )	( )
가장 큰 숫자는?			
가장 작은 숫자는?			
짝수는?			

5 마트에서 장보기

너무 많은 수량을 구입하면 활동이 어려워질 수 있답니다.

준비물 계산기, 시장바구니, 돈, 장보기 목록

시장에서 무엇을 몇 개나 사야 할까?

언제까지 먹을 수 있는 음식이니?

가장 비싼 것과 싼 것은 무엇이니?

➡ 이 활동은 수학 관련 교육과정상 유아교육기관에서는 '수 감각 기르기 – 수의 활용 의미 이해'에 해당되며, 초등학교에서는 '수 – 100까지의 수'로 연계되는 활동입니다.

1

마트에서 사야 할 것을 종이에 적어보세요.

- 무엇을 사야 할까?
- 물건을 얼마나 사야 할지 개수를 적어볼까?

2

1000원으로 살 수 있는 것을 알아보세요.

- 목록에 있는 것 중에서 1000원으로 살 수 있는 물건을 가져올래?
- 당근은 3개를 사려고 해, 개수대로 골라 담아보자.

3

유통기한을 확인하며 사야 할 것을 골라브세요.

- 유통기한을 확인하며 사야 할 것은 무엇이 있을까?
- 우유의 유통기한이 조금씩 다른데, 어떤 것을 사야 할까?

4

묶음으로 사는 물건의 개수를 세어보세요.

- 묶음으로 사야 하는 것 안에는 몇 개가 들어 있니?
- 개수가 같은 묶음은 무엇이니?

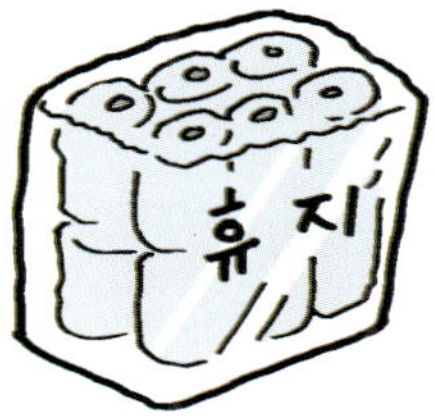

더 놀고 싶어요!

가격비교표

마트에서 사 온 물건들의 가격표를 오려 모아 볼까? 가격이 1000원보다 비싼 물건과 싼 물건들의 가격표를 모아보자.

• 제일 비싼 것의 가격과 싼 것의 가격은 얼마나 차이가 나는지 알아볼까?
• 가격이 비슷한 것끼리 모아볼까?
• 어떤 물건의 가격이 가장 비싸니?

❶ 1000원과 비교해 보면…

1000원보다 싸요 <	1000원	< 1000원보다 비싸요

❷ 제일 비싼 것과 싼 것

제일 싼 것	제일 비싼 것
원	원
1000원짜리 몇 장? (　　　　　) 100원짜리 몇 개? (　　　　　)	1000원짜리 몇 장? (　　　　　) 100원짜리 몇 개? (　　　　　)

6 자판기에서…

준비물 동전(100원짜리), 지폐(천 원), 음료자판기

100원짜리 몇 개가 있어야 음료수를 살 수 있을까?

천 원으로는 어떤 음료수를 살 수 있을까?

잔돈은 얼마가 남니?

➡ 이 활동은 수학 관련 교육과정상 유아교육기관에서는 '수 감각 기르기 – 구체물을 가지고 더하고 빼는 경험하기'에 해당되며, 초등학교에서는 '수 – 더하기와 빼기'로 연계되는 활동입니다.

1

자판기에서 뽑을 음료수를 고르고 얼마인지 알아보세요.

- 음료수를 뽑으려면 얼마가 필요할지 자판기를 보고 올래?
- 음료수가 800원이면 100원짜리 몇 개가 있어야 할까?

2

자판기에서 천원 지폐로 음료수를 사보세요.

- 천 원짜리 지폐를 넣어 음료수를 사면 잔돈이 얼마가 남니?
- 음료수를 사려고 쓴 100원짜리 동전 8개와 남는 동전 2개를 합하면 모두 몇 개니?

3

천 원짜리 2장으로 음료수를 몇 개 살 수 있는지 알아보세요.

- 천 원짜리 2장으로는 음료수를 몇 개 살 수 있니?
- 얼마가 남았니?

4

음료수 2개를 사는 데 드는 돈을 계산해보세요.

- 800원과 600원짜리 음료수를 사는 데 사용된 돈을 모아보자.
- 100원짜리 동전 모두 몇 개를 사용했니?

더 놀고 싶어요!

우리 가족 수만큼 음료수를 뽑으려면…

우리 가족 수대로 음료수를 뽑으려면 얼마가 필요할지 표시해 보세요.
100원짜리 동전이 몇 개가 필요할지 세어보세요.

준비물 : 동전(100원, 500원짜리), 지폐(천 원), 음료자판기

음료수 값	필요한 동전의 개수	1000원을 넣으면 동전 몇 개가 남을까?
 ____ 원	 ____ 개	 ____ 개
 ____ 원	 ____ 개	 ____ 개
 ____ 원	 ____ 개	 ____ 개

- 음료수의 값은 얼마니?
- 음료수를 사려면 동전이 몇 개 필요하니?
- 천 원 지폐를 넣으면 동전 몇 개가 남을까?

돈이 가장 많이 필요한 음료수부터 차례대로 이름을 적어 보세요.

7 지하철을 타고 가자

> 지하철이 없는 지역이라면 버스 노선도를 보며 활동하는 것도 가능합니다.

준비물 지하철 노선도

출발역에서 도착역까지
가려면 어느 방향으로
가야 할까?

지하철을 타고 가는 데
시간이 얼마나 걸릴까?

도착할 때까지는
몇 정거장이나 가야 할까?

➡ 이 활동은 수학 관련 교육과정상 유아교육기관에서는 '공간 및 도형에 대해 알아보기 – 위치나 경로를 여러 가지 방법으로 나타내 보기'에 해당되며, 초등학교에서는 '도형 – 두 점 사이의 거리'로 연계되는 활동입니다.

1

지하철 타고 가야 할 목적지를 확인해 보세요.

- 출발역과 도착역이 어디인지 찾아보자.
- 출발역에서 도착역까지는 몇 정거장인지 세어볼까?

2

지하철 노선표에서 타고 가는 방향을 가르켜보세요.

- 지하철 표를 보며 가는 방향을 손으로 따라 가볼까?
- 지하철을 타고 어느 방향으로 가는 걸까?(위, 아래, 왼쪽, 오른쪽–방향지시어 지시)

3

지하철을 타고 가며 정거장 수를 세어 보세요.

- 지나는 역을 노선도에 표시해 보자.
- 앞으로 몇 정거장을 가야 할까?

더 놀고 싶어요!

현재 내 위치는?

지하철에서 밖으로 나가려고 해요. 어느 방향으로 가야 나갈 수 있는지 알아보세요.

〈지하철 안내도 그림〉

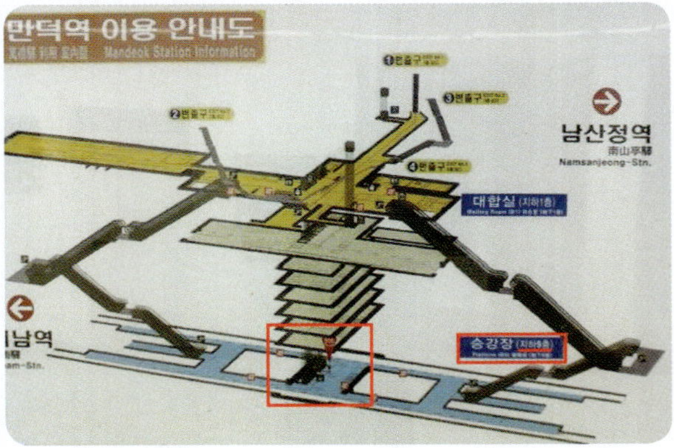

○○쪽으로 나가려면 몇 번 출구로 나가야 할까?

________ 번

지하철 안내도를 보니 난 지금 몇 번째 칸에 있니?

지하 __________ 층

• 몇 번 출구로 나가야 할까?
• 지하철에 있는 화살표를 따라가려면 어느 방향으로 가야 할까?

여기서 나가려면 지금 어느 방향으로 가야 할까?

밖으로 나가려면 몇 층을 더 올라가야 하니?

_______________ 층

한 층 위로 올라가서는 어느 방향으로 가야 할까?

____ 방향

8 식당에서

준비물 메뉴판, 천 원짜리 열 장, 만 원

메뉴판에서 내가 먹을
음식의 가격을 알아볼까?

엄마가 고른 음식과
내가 고른 음식의 가격을
비교해 보자.

만 원으로 주문을 할 때,
어떤 음식을 가장 많이 살 수 있을까?

➡ 이 활동은 수학 관련 교육과정상 유아교육기관에서는 '수 감각 기르기 – 수의 활용 의미 / 익숙한 큰 수 세기 / 수의 크기 비교'에 해당되며, 초등학교에서는 '수 – 50까지의 수/ 더하기'로 연계되는 활동입니다.

1

주문할 음식에 대해 이야기해보세요.

- 어떤 음식을 먹을지 골라볼래?
- 그 음식의 가격은 얼마니?

2

메뉴판의 음식들을 가격으로 나누어 보세요.

- 네가 고른 음식과 같은 가격의 것은 무엇이니?
- 같은 가격의 음식은 모두 몇 가지일까?

3

엄마가 고른 음식과 내가 고른 음식의 가격을 비교해 보세요.

- 엄마가 고른 음식의 가격은 얼마니?
- 너가 고른 음식에 비해 엄마가 고른 음식의 가격은 어떠니?

4

만 원으로 살 수 있는 음식에 대해 알아보세요.

- 천 원 한 장으로 살 수 있는 음식은 무엇이니?
- 천 원짜리 열 장이 모인 만 원으로는 천 원짜리 음식을 몇 가지 살 수 있을까?

더 놀고 싶어요!

메뉴판 만들기

집에서 엄마가 만들어 준 음식을 종이에 그려서 메뉴판을 만들어 보세요.
음식을 만들 때 사용되는 재료의 가지 수를 생각해 가격을 정해 보세요.

음식	가격
	________ 원
	________ 원
	________ 원

- 콩나물 무침을 하려면 재료가 몇 가지 사용될까?
- 가장 비싼(싼) 음식은 무엇이니? 재료의 가짓수가 늘어날수록 가격은 어떻게 될까?
- 모든 음식의 값은 모두 얼마일지 생각해 볼까?

음식	가격
	______ 원
	______ 원
	______ 원

9 도로 표지판

대부분의 유아는 도로 표지판이 있었는지조차 모른 채 생활하고 있었을 거예요.

준비물 도로 표지판, 색연필, 종이

도로 표지판은 뭘까?

도로 표지판 중에 어떤 모양을 제일 많이 발견했니?

어떤 색깔의 도로 표지판이 제일 많았는지 세어볼까?

➡ 이 활동은 수학 관련 교육과정상 유아교육기관에서는 '공간 및 도형에 대해 알아보기 – 기본 입체 및 평면 도형의 특징 알아보기'에 해당되며, 초등학교에서는 '도형 – 기본적인 평면 도형'으로 연계되는 활동입니다.

1

차를 타고 가면서 도로 표지판을 살펴보세요.

- 도로 표지판은 뭘까?
- 길에 있는 도로 표지판은 어떤 모양이니?

2

도로 표지판에서 좋아하는 모양을 찾아 세어보세요.

- 차를 타고 가면서 네가 좋아하는 모양을 세어볼래?
- 도로 표지판에 두 가지 모양이 있는 것만 세어볼까?

3

여러 도로 표지판의 모양에 대해 이야기 나누어보세요.

- 어떤 표지판 모양이 가장 많았니?
- 다양한 도로 표지판의 모양을 종이에 그려보고, 오려서 모양대로 나누어볼까?

4

표지판의 색깔에 따라 나누어 보세요.

- 도로 표지판의 색깔은 어떤 색이 많니?
- 도로 표지판을 색깔에 따라 세어볼까?

더 놀고 싶어요!

도로 표지판 속 숫자는?

도로 표지판에는 숫자가 쓰인 것도 있어요. 어떤 모양의 도로 표지판에 어떤 숫자들이 써 있는지 찾아보세요.

• 도로 표지판에서 찾은 숫자 중 가장 큰 숫자는 무엇이니?
• 가장 작은 숫자가 쓰여진 도로 표지판은 어떤 모양이니?

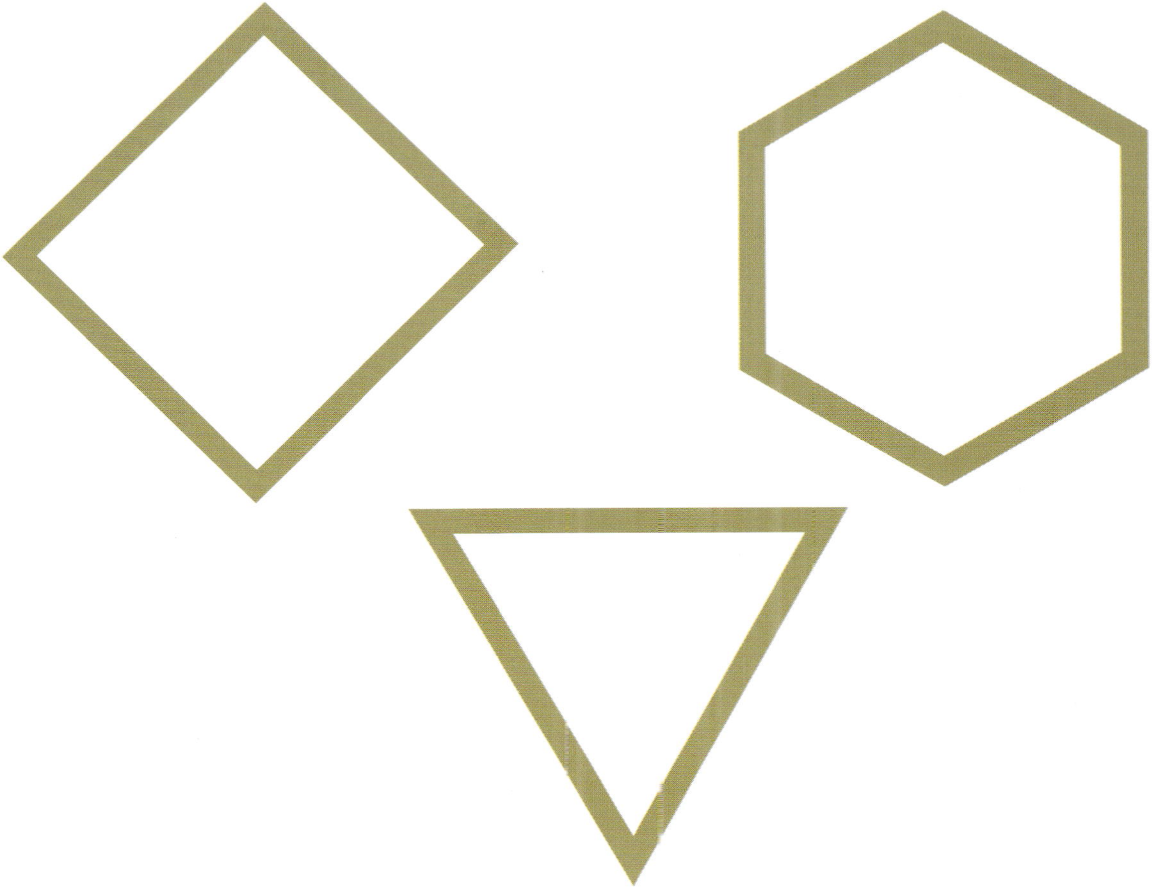

10 입장권 놀이

체험전, 박물관, 전시회 등 다양한 입장권을 모아 지속적으로 활용해 보세요.

준비물 공연 입장권

입장권을 사려면
얼마가 필요할까?

입장권에 써 있는 숫자 중에
가장 굵고 크게 써 있는
숫자는 무엇이니?

입장권에 써 있는 숫자를 보면
무엇을 알 수 있을까?

➡ 이 활동은 수학 관련 교육과정상 유아교육기관에서는 '수 감각 기르기 – 수의 활용 의미 / 익숙한 큰 수 세기 / 수의 크기 비교'에 해당되며, 초등학교에서는 '수 – 50까지의 수/ 더하기'로 연계되는 활동입니다.

1

입장권의 가격을 알아보세요.

- 입장권은 얼마니?
- 무엇을 보면 입장권의 가격을 알 수 있을까?

2

가격 외에 다른 숫자는 무엇을 나타내는지 생각해 보세요.

- 입장권에는 가격 외에 어떤 숫자들이 있는지 찾아볼까?
- 가장 굵고 진하게 써 있는 숫자는 무엇을 나타낼까?

3

입장권에 써 있는 숫자를 보며 공연장의 내 자리를 찾아보세요.

- '2층, 가열 8번' 이것으로 무엇을 알 수 있니?
- 공연장의 안내도를 보며 나 자리를 찾아볼까?

4

공연장에서 앉고 싶은 자리를 표에 숫자로 나타내 보세요.

- 공연장 안내도를 보니 네가 앉고 싶은 자리가 있니?
- 그 자리에 앉으려면 입장권의 숫자가 어떻게 바뀌어야 하는 것일까?

더 놀고 싶어요!

차례대로 놓아보세요

우리 집에 있는 여러 입장권과 표를 모아보세요. 여러 가지 방법으로 표들을 나누어 본 다음, 그 순서를 정해보세요.

• 집에 있는 여러 가지 표를 모아볼까?
• 표를 같은 것끼리 나누어보자. 어떻게 나눌 수 있을까?
• 종류별로 모은 표들을 순서를 정해 놓아보자.

모양이 같은 입장권

크기가 같은 입장권

공연한 달이 가장 빠른 것부터 차례대로 놓아보세요.

가격이 비싼 것부터 차례대로 놓아보세요.

1. 2. 3…

03/ 자연에서

1. 돌을 던져요_ 엄마 돌, 내 돌
2. 어디 있는 돌이지?_ 위치에 따라 달라요
3. 잎 들여다보기_ 잎 패턴 만들기
4. 가위 바위 보!_ 묶음으로 세기
5. 길다! 짧다!_ 나뭇가지나 풀로 재보세요
6. 10 만들기_ 나무젓가락 놀이
7. 어디에 숨겼을까?_ 세모 그리기
8. 더 많은 물_ 어림해보아요
9. 꽃에 숨겨진 수?_ '5'보다 많고 '10'보다 적은 꽃
10. 돌멩이를 모아요_ 같은 컵, 다른 개수

1 돌을 던져요

바닥에 종이를 깔고 바둑알이나 공기 돌을 모으는 형태로 실내에서 할 수도 있어요.

준비물 바닥에 던질 돌 하나씩, 점수만큼 모을 작은 돌 여러 개

(바닥에 그려진 과녁 모양의 그림을 보며)
어떤 곳을 몇 점으로 할까?

돌멩이는 모두 몇 개(몇 점)이니?

누가 몇 개(몇 점) 더 많으니?

➡ 이 활동은 수학 관련 교육과정상 유아교육기관에서는 '수 감각 기르기 – 구체물을 가지고 더하고 빼는 경험하기'에 해당되며, 초등학교에서는 '수와 연산 – 간단한 수의 덧셈과 뺄셈'으로 연계되는 활동입니다.

1

바닥에 원을 그리고 점수를 정하세요.

- 어디에 몇 점을 주고 싶니?
- 왜 더 먼 곳은 더 점수가 높니?

2

돌멩이를 던져서 들어간 원의 점수만큼 돌멩이를 모아보세요.

- 몇 점짜리 칸에 들어갔니?
- 점수만큼 돌멩이를 세어서 가져 가자.

3

모두 몇 점인지 돌멩이를 세어 보세요.

- 한 개씩 세어볼까?
- 두 개씩 세어도 같은 수인지 세어보자.

4

누가 몇 점이 더 많은지 알아보세요.

- 누가 더 많이 모았니?
- 몇 개나 더 많아?

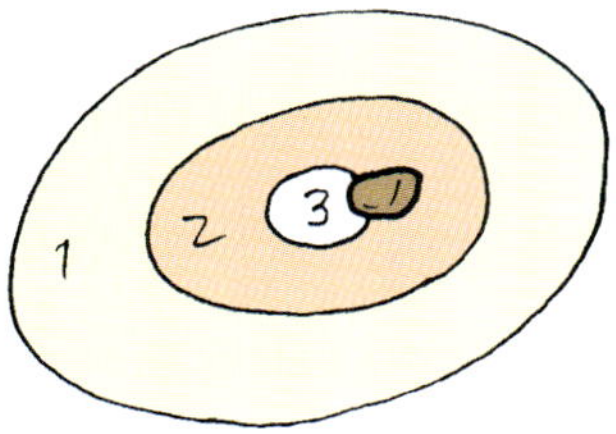

더 놀고 싶어요!

엄마 돌, 내 돌

바닥에 돌멩이를 3번 던져서 들어간 칸의 약속대로 더하면서 돌멩이를 모아보세요.

횟수	1	2	3	합계
엄마				
나				

○○ 가 ○○ 보다 ○ 개 더 많아요.

엄마				합계
나				

○○ 가 ○○ 보다 ○ 개 더 적어요.

• 더 많다는 건 어떻게 알 수 있니?

• 10이 되려면 이번에 얼만큼의 돌을 모아야 되니?

• 두 개씩 짝을 지었을 때 남는 게 없는 건 짝수, 남는 게 있는 수는 홀수라고 해.

횟수	1	2	3	합계
엄마				
나				

◯◯가 ◯◯보다 ◯개 더 많아요.

엄마				합계
나				

10에 가까운 수의 돌멩이를 모은 사람은 ◯◯예요.

2 어디 있는 돌이지?

우유 통은 입구를 접어서 테이프로 붙여 주시면 더 좋습니다.

준비물 돌, 빈 우유 통 2개, 유성매직

위, 아래, 앞, 뒤, 옆은 어디니?

'오른쪽', '왼쪽', '사이'는 어디를 말하는 걸까?

돌멩이는 모두 몇 개니?

➡ 이 활동은 수학 관련 교육과정상 유아교육기관에서는 '공간 및 도형에 대해 알아보기 – 위, 아래, 앞, 뒤, 옆을 알아보기'에 해당되며, 초등학교에서는 '구체물의 이동에서 공간감각 기르기'로 연계되는 활동입니다.

1

빈 우유 통을 이용해서 주사위를 만들어 보세요.
- 우유 통의 빈 면에 1~6까지의 숫자를 써보자.
- 앞, 뒤, 오른쪽, 왼쪽, 사이, 위(아래)를 써보자.

2

아이 주변에 돌멩이를 앞, 뒤, 오른쪽, 왼쪽에 두고 위치에 대해 알아보세요.
- 네 앞에 있는 돌은 어떤 거니?
- 엄마와 너 사이에 있는 돌은 어떤 거니?

3

주사위 두 개를 동시에 던져서 돌을 모아보세요.
- '앞', '3' 이면 어떻게 해야 할까?
- 위(아래)가 나오면 '꽝'이구나.

4

모은 돌멩이의 수를 세어 보세요.
- 모두 몇 개를 모았니?
- 누가 몇 개 더 많니?

더 놀고 싶어요!

위치에 따라 달라요

상대방이 돌멩이를 가져오는 것을 보고 알맞은 공간과 숫자를 말해보세요.

나는  의 ______ 에 있어요.

 는 ______ 에서 ______ 개를 가져왔어요.

나는 ○○ 의 ______ 에 있어요.

○○ 는 ______ 에서 ______ 개를 가져왔어요.

• 너는 엄마 어디에 앉아 있니?
• 네가 보는 쪽에서는 엄마의 앞이 엄마의 어디로 보이니?

나는 엄마 의 앞 에 있어요.

엄마 는 앞 에서 2 개를

가져왔어요.

나는 ( ) ( ) 의 [ ] 에 있어요.

( ) ( ) 는 [ ] 에서 [ ] 개를

가져왔어요.

3 잎을 모아요

준비물 공원이나 놀이터에서 모은 여러 종류의 풀잎, 나뭇잎

잎의 모양, 잎맥은 어떻게 생겼나요?

잎의 수가 가장 많아 보이는 나무는 어떤 것인가요?

같은 잎끼리 나누는 방법은 무엇일까요?

➡ 이 활동은 수학 관련 교육과정상 유아교육기관에서는 '자료 정리 및 결과 나타내기-여러 가지 자료 모으고 비교하기'에 해당되며, 초등학교에서는 '확률과 통계 – 한 가지 기준으로 사물 분류하기'로 연계되는 활동입니다.

1

여러 종류의 잎을 모아서 함께 관찰해보세요.

- 크기, 색, 모양은 어떠니?
- 잎의 무늬인 잎맥의 모양을 손으로 따라 그려볼까?

2

잎을 서로 비교해 보세요.

- 크기가 가장 큰 잎은 무엇이니?
- 만졌을 때 느낌은 어떠니?
- 잎의 테두리 모양은 어떠니?

3

서로 같은 것끼리 모아보세요.

- 느낌이 같은 것끼리 모아보자.
- 잎맥의 형태가 같은 것끼리 모아보자.

4

다양하게 잎을 분류해 보세요.

- 크기가 큰 것부터 작은 것 순으로 놓아볼까?
- 두꺼운 것부터 차례로 놓아보자.

더 놀고 싶어요!

잎 패턴 만들기

다양한 잎이 있다는 것을 알았나요?
이번에는 규칙을 따라서 잎을 차례로 놓아보고 다음에 어떤 잎이 와야 할지 놓아보세요.

• 어떤 순서로 놓은 것 같니?
• 또 다른 약속은 무엇일까?
• 다음에는 어떤 것이 와야 할까?

4 가위, 바위, 보!

근처에 칸이 작은 타일이 깔린 곳이 있다면 모은 풀잎을 타일 위에 하나씩 올려놓으면서 해보세요. 수량 비교가 한눈에 될 거예요.

준비물 너무 크거나 작지 않은 크기의 풀잎 여러 장

누가 더 많이 모았을까?

모두 몇 개쯤 될까?

➡ 이 활동은 수학 관련 교육과정상 유아교육기관에서는 '수 감각 기르기– 큰 수를 세는 경험하기'에 해당되며, 초등학교에서는 '수와 연산 – 100까지의 수'로 연계되는 활동입니다.

1

가위, 바위, 보를 해서 이긴 사람이 풀잎을 따서 모아보세요.

- 모두 몇 개를 모았니?
- 엄마보다 몇 개 더 많니?

2

가위, 바위, 보의 약속을 정하고 약속대로 잎을 모아보세요.

- 가위로 이기면 잎을 몇 개씩 모을까?
- 가위는 2개, 바위 10개, 보 5개씩으로 할까?

3

누구의 잎이 더 많을지 어림해보고 비교해보세요.

- 누구의 잎이 더 많을 것 같니?
- 이 만큼이 10장인데, 나머지는 모두 몇 장일까?

더 놀고 싶어요!

묶음으로 세기

한 가지에 잎이 2개, 5개, 10개씩 붙은 작은 풀잎 대를 4개 준비해 보세요.

이제 가지를 세어서 잎의 개수를 맞춰 볼까요?

풀잎 대의 수에 따라 각각의 풀잎이 모두 몇 장인지 세어보고 써보세요. 그리고 만약 10개의 풀잎 대를 모은다면 잎의 개수는 모두 몇 개일까요?

잎의 개수 / 풀잎 대 수	풀잎 대에 잎이 2장 	풀잎 대에 잎이 5장 	풀잎 대에 잎이 10장 
1	2 장	5 장	10 장
2	______ 장	______ 장	______ 장
3	______ 장	______ 장	______ 장
4	______ 장	______ 장	______ 장

• 2장씩 잎이 있는 것의 개수를 연결해서 세어볼까?
• 15개를 모으면 몇 장이 될 것 같니?

5	______ 장	______ 장	______ 장
6	______ 장	______ 장	______ 장
7	______ 장	______ 장	______ 장
8	______ 장	______ 장	______ 장
9	______ 장	______ 장	______ 장
10	______ 장	______ 장	______ 장

5 길다! 짧다!

준비물 여러 종류의 나뭇가지

나뭇가지를 구하기 어렵다면 풀잎 대도 가능합니다. 너무 가는 가지로 하게 된다면 움직이지 않게 스카치테이프 위에 붙여가면서 고정시킬 수도 있겠지요.

차례대로 놓으려면?

어떤 순서대로 놓은 걸까?

어떤 나뭇가지를 더해야
이 길이가 될까?

➪ 이 활동은 수학 관련 교육과정상 유아교육기관에서는 '자료 정리 및 결과 나타내기-한 가지 기준에 따라 분류하고 설명하기'에 해당되며, 초등학교에서는 '확률과 통계 – 사물 분류하기'로 연계되는 활동입니다.

1

나뭇가지를 모으고 탐색해보세요.

- 만졌을 때 느낌이 어때?
- 속이 비어 있는 것도 있지?

2

나뭇가지를 준거(약속)에 따라 순서대로 놓아보세요.

- 길이가 긴 순서대로 놓아볼까?
- 두께 순서로 놓아볼까?

3

늘어놓은 것을 보고 준거(약속)를 찾아보세요.

- 이 건 어떤 순서로 놓은 것 같니?
- 그럼 다음에 와야 할 것은 뭘까?

4

사이에 들어 갈 수 있는 나뭇가지를 찾아 완성해보세요.

- 이 나뭇가지와 이 나뭇가지 사이에 들어갈 수 있는 나뭇가지를 찾아보자.

더 놀고 싶어요!

나뭇가지나 풀로 재보세요

길고 짧은 나뭇가지나 풀 그리고 동화책을 준비해서 재미있게 놀이해 보세요.

다음의 □ 의 길이가 되려면 나뭇가지나 풀이 몇 개가 필요할까요? 나뭇가지나 풀을 보고 예측한 다음 □ 안에 붙여 보세요.

• 어떤 것과 어떤 것을 합쳐야 될 것 같니?
• 왜 그렇게 생각해?
• 얼마나 잘라내야 그 길이가 될까?

내가 좋아하는 동화책의 길이도 나뭇가지로 나타내 보세요.

☐ 나뭇가지로는 ☐ 번,

☐ 나뭇가지로는 ☐ 번,

☐ 나뭇가지로는 ☐ 번의 길이에요.

6 10 만들기

컵은 깨지거나 부서지지 않는 스텐 재질이면 좋습니다. 빈 캔이 있으면 활용해도 좋아요.

준비물 컵이나 빈 통, 작은 나무막대 10개

10을 만드는 숫자는 어떤 것들이 있을까?

통 안에 남아 있는 막대는 모두 몇 개일까?

네 생각이 맞는지 어떻게 알 수 있을까?

➡ 이 활동은 수학 관련 교육과정상 유아교육기관에서는 '수 감각 기르기–구체물을 가지고 더하고 빼는 경험하기'에 해당되며, 초등학교에서는 '수와 연산 – 간단한 수의 덧셈과 뺄셈'으로 연계되는 활동입니다.

1

나뭇가지를 세면서 합해서 10이 되는 숫자를 알아보세요.

- 10개 중에 2개를 모으니까 몇 개가 남았니?
- 10을 만드는 숫자는 또 무엇과 무엇이 있을까?

2

10개의 나뭇가지가 담긴 통을 바닥에 한번 '탕' 내려 놓아 보세요.

3

통 밖으로 나와 바닥에 떨어진 나뭇가지의 수를 세고 적어보세요.

4

안에 남은 나뭇가지의 수를 예측하고 확인해보세요.

	밖에 떨어진 나뭇가지 개수	통 안에 남아 있는 나뭇가지 개수
1회	개	개
2회	개	개
3회	개	개
4회	개	개
5회	개	개

더 놀고 싶어요!

나무젓가락 놀이

10개의 나무젓가락 한쪽 끝에 0부터 9까지의 숫자를 쓰고 숫자가 보이지 않게 통에 담아두세요. 그리고 가위 바위 보를 해서 나무젓가락을 하나씩 뽑아서 숫자를 만들어 볼까요?

나무젓가락 두 개로 숫자를 만들어 보세요.

가장 큰 숫자는 ⬜⬜ ,

가장 작은 숫자는 ⬜⬜ .

홀수는 ⬜⬜ , 짝수는 ⬜⬜

- 1하고 2로 만들 수 있는 숫자는 뭐가 있을까?
- 12와 21은 어떤 숫자가 더 클까?
- 달력에서 12와 21을 찾아볼까?

나무젓가락 세 개로 숫자를 만들어 보세요.

가장 큰 숫자는 ______ ,

가장 작은 숫자는 ______ .

홀수는 ______ , 짝수는 ______

7 어디에 숨겼을까?

준비물 흙, 못 쓰는 단추나 병뚜껑

단추나 병뚜껑이 없다면 희거나 검은 돌멩이처럼 눈에 잘 띄는 것으로도 할 수 있어요. 한 가지 더! 2개씩 모았을 때 짝이 모두 지어지는 수는 짝수, 짝이 없이 남는 게 있는 수는 홀수랍니다.

이것은 5보다 크니?

짝수니? 홀수니?

두 개를 합한 수가 7이니?

이 활동은 수학 관련 교육과정상 유아교육기관에서는 '수 감각 익히기 – 구체물로 연산하는 경험하기'에 해당되며, 초등학교에서는 '수와 연산 – 간단한 수의 덧셈과 뺄셈'으로 연계되는 활동입니다.

1

바닥에 일렬로 흙모둠을 10개 정도 만들고 앞에 차례대로 1~10까지 숫자를 쓰세요.

- 모두 몇 개의 흙모둠을 만들었니?
- 흙모둠 앞에 1부터 차례대로 숫자를 써보자.

2

술래가 눈을 가리고 있는 동안 흙모둠 속에 단추를 숨기세요.

- 흙 속에 단추를 숨겨노자.

3

숫자 열고개를 해서 단추를 숨긴 흙모둠과 개수를 알아 맞혀 보세요.

- 3과 8 사이에 있니?
- 숨긴 흙모둠의 숫자와 숨긴 개수의 합이 8보다 크니?

더 놀고 싶어요!

세모 그리기

땅에 돌멩이나 나무막대로 점을 찍고 이 점들을 연결해서 세모를 그려보세요.

가위, 바위, 보를 해서 이긴 사람이 선을 그릴 수 있어요.

주변에는 세모 그리기에 사용되는 점과 선의 모양을 그려주세요.

가 만든 세모 모양 안에는 표시

가 만든 세모 모양 안에는 표시

- 세모를 만들려면 어떤 점을 연결해야 할까?
- 상대방이 세모를 만들지 못하게 하려면 어디에 선을 그어야 할까?
- 모두 몇 개니? 네가 엄마보다 2개 많다는 걸 어떻게 알 수 있니?

가 만든 세모는 모두 개

가 만든 세모는 모두 개

가 보다 개 더 많아요.

8 더 많은 물

욕실에서 물놀이를 하면서 혹은 비가 오는 날 비옷을 입고 실외에서 활동해 보세요. 물 대신 흙놀이로도 같은 활동을 해보세요.

준비물 다양한 높이와 너비의 통, 투명한 큰 그릇

어떤 통에 물이
가장 많이 들어갈까?

이 통의 물은 작은 통으로
몇 번이면 옮길 수 있을까?

물의 양을 비교할 수 있는 방법은 뭘까?

이 활동은 수학 관련 교육과정상 유아교육기관에서는 '기초적인 측정해보기–임의의 측정단위를 이용해서 길이, 들이의 측정 경험하기'에 해당되며, 초등학교에서는 '측정 – 길이, 부피, 들이 측정'로 연계되는 활동입니다.

1

여러 크기의 통을 가지고 놀이하세요.

- 통 속에 흙을 담아 볼까?
- 가장 긴/ 넓은 통은 뭐니?

2

통에 들어가는 물의 양을 비교할 수 있는 방법에 대해 생각해보세요.

- 물이 많이 들어 갈 것 같은 통부터 차례대로 놓아보자.
- 가장 많이 들어간다는 것을 어떻게 알 수 있을까?

3

투명한 그릇에 물을 부어 양을 비교해요.

- 물을 부어서 표시해 보자.
- 어떤 통에 물이 가장 많이 들어갔니?

4

두 개의 통에 담긴 물을 합한 양을 비교해요.

- 파란 통과 노란 통을 합한 물의 양은 빨간통의 물의 양보다 많을까?

더 놀고 싶어요!

어림해보아요

빈 약통, 우유팩, 반찬 그릇 등 여러 가지 통을 가지고 이 통에서 저 통으로 옮기며 물놀이를 해보아요.

◈ 가지고 있는 통 중에서 200ml 우유팩 안의 물보다 더 적은 양의 물이 들어가는 통은 모두 ☐ 개입니다.

◈ 우유팩을 가득 채우려면 어떤 통으로 몇 번 물을 채워야 할지 생각해보고 또 직접 해보세요.

	생각해봤어요	해봤어요
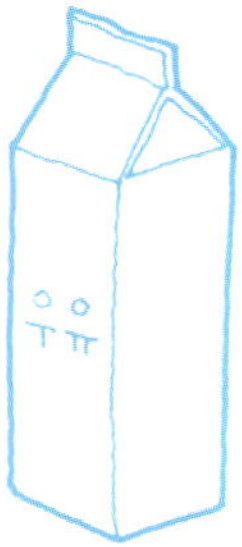	 의 물로 ☐ 번 채워야 할 것 같아요	☐ 번 채워야 했어요
	의 물로 ☐ 번 채워야 할 것 같아요	☐ 번 채워야 했어요

• 우유팩 속 물의 양보다 적다는 걸 어떻게 알 수 있을까?
• 약통에는 총 몇 ml의 물이 들어가니?
• 두 번 모은 양이 이 정도인데 가득 채우려면 몇 번 더 옮겨야 할까?

	생각해봤어요	해봤어요
	의 물로 ☐ 번 채워야 할 것 같아요	☐ 번 채워야 했어요
	의 물로 ☐ 번 채워야 할 것 같아요	☐ 번 채워야 했어요

9 꽃에 숨겨진 개수

국화처럼 꽃잎이 너무 작고 많은 것은 피해 주세요.

준비물 길에서 모은 꽃잎

꽃잎은 모두 몇 장일까?

꽃잎과 이파리 중 어떤 것이 더 많을까?

꽃잎이 7장인 꽃을 찾아보자.

이 활동은 수학 관련 교육과정상 유아교육기관에서는 '수 감각 기르기 – 생활 속에서 많고 적은 수량을 비교한다'에 해당되며, 초등학교에서는 '수 – 더하기와 빼기'로 연계되는 활동입니다.

1

산책하면서 여러 가지 꽃에 대해 이야기 나누어 주세요.

- 꽃은 무엇과 무엇으로 되어있니?
- 꽃잎의 크기가 가장 큰 것은 어떤 꽃이니?

2

꽃에 있는 여러 가지 개수를 세어 보세요.

- 꽃잎은 몇 장이니?
- 이파리의 수를 세어볼래?

3

꽃을 찾아 꽃잎, 줄기, 이파리별로 나누어 보세요.

- 꽃잎과 줄기,이파리 각각의 개수를 숫자로 표현해 볼까?

㉠ 꽃잎 – 줄기 – 이파리 : 7 – 2 – 5

4

꽃에 있는 꽃잎과 줄기와 이파리의 개수를 더해보세요.

- 꽃잎과 줄기와 이파리 수를 더하면 모두 몇일까?
- 꽃잎과 줄기와 이파리를 더해서 6이 되는 꽃을 땅에 그림으로 그려볼까?

더 놀고 싶어요!

'5'보다 많고 '10'보다 적은 꽃

꽃을 찾아 꽃잎, 줄기와 이파리 수를 세어보세요.

	꽃잎의 수	줄기의 수	이파리의 수

• 꽃잎과 줄기와 이파리의 수를 더하면 모두 몇 개가 될까?
• 꽃잎(이파리, 줄기)의 개수가 가장 많은(적은) 꽃은 어떤 것인지 찾아볼까?

	꽃잎의 수	줄기의 수	이파리의 수

10 돌멩이를 모아요

준비물 여러 가지 돌멩이, 통

돌멩이들을 같은 것끼리
나누어 볼까?

돌멩이로 벤다이어그램을
만들어 볼까?

같은 묶음의 돌멩이는 모두 몇 개일까?

➡ 이 활동은 수학 관련 교육과정상 유아교육기관에서는 '자료 정리 및 결과 나타내기 – 처음에 분류한 기준과 다른 기준으로 분류하기'에 해당되며, 초등학교에서는 '확률과 통계 – 자료의 수집, 정리'로 연계되는 활동입니다.

1

산책하면서 여러 종류의 돌멩이를 통에 모아 보세요.

- 네가 모으고 싶은 돌멩이들을 여기 주머니에 담아보자.

2

모아온 돌멩이들을 살펴 보세요.

- 돌멩이를 같은 것끼리 나누었단다. 어떻게 나누었을까?
- 네가 생각한 방법대로 돌멩이를 나누어볼래?

3

우리가 묶음을 만든 돌멩이를 각각의 개수대로 그래프로 만들어 보세요.

- 끼리끼리 나눈 돌멩이 묶음의 개수는 몇 개인지 적어보자.
- 어떤 묶음의 돌멩이가 가장 많니(적니)?

개수 / 돌멩이 종류	넓은 돌멩이	작은 돌멩이	매끄러운 돌멩이	거친 느낌의 돌멩이
6				
5				
4				
3				
2				
1				

4

벤다이어그램에 돌멩이를 나누어 본다.

- (바닥에 커다란 원을 두 개 그린 후) 돌멩이를 나누었단다. 어떻게 돌멩이를 나누었을까?
- 동그라미가 겹치는 부분에는 어떤 돌멩이를 넣을 수 있을까?

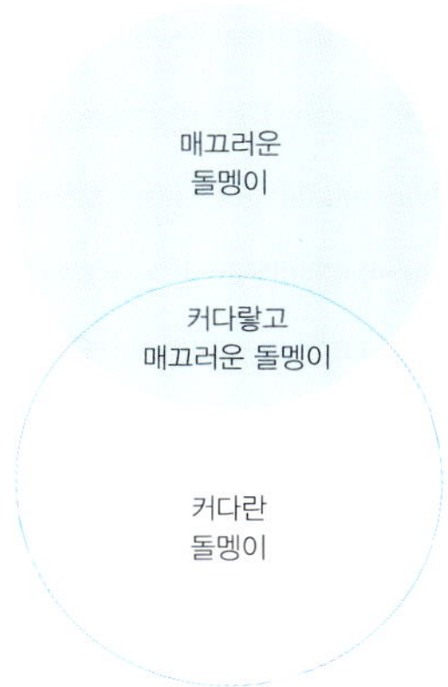

더 놀고 싶어요!

같은 컵, 다른 개수

여러 돌멩이들을 크기별로 나누어보세요. 하나의 종이컵에 크기별로 돌멩이를 나누어서 가득 담아보고 몇 개씩 들어갔는지 세어보세요.

큰 돌멩이들	중간 크기의 돌멩이들	작은 돌멩이들
 ______ 개	 ______ 개	 ______ 개

• 세 가지 크기별로 나눈 돌멩이들을 같은 크기의 종이컵에 담아볼까?
• 제일 많이(적게) 들어 갈 것 같은 돌멩이는 무엇일까? 몇 개가 들어갔는지 세어보자.

04/ 이야기를 통한

1. 신데렐라야 12시야_ 숫자춤
2. 굴개 굴개 청개구리_ 비가 오는 날은?
3. 콩쥐 팥쥐_ 큰 신발 작은 신발
4. 호랑이와 오누이_ 동아줄? 고무줄!
5. 반쪽이_ 반으로, 반으로
6. 헨젤과 그레텔_ 발자국 패턴 길
7. 요술 맷돌_ 같은 양을 찾아요
8. 황금거위_ 따로 또 같이!
9. 잭과 콩나무_ 몇 걸음에 만날까?
10. 황소와 개구리_ 더 커요.

1 신데렐라야, 12시야!

준비물 숫자가 모두 있는 시계

마음씨 고약한 새어머니와 언니들에게 괴롭힘을 당하던 신데렐라는 요술할머니의 도움으로 왕자님의 파티에 가게 됩니다. 하지만 12시 전에 돌아와야만 했지요. 12시 종소리를 듣고 급하게 궁을 빠져나오던 신데렐라는 유리 구두 한 쪽을 떨어뜨리게 되고 나중에 왕자님은 그 신발 주인인 신데렐라를 찾게 되지요.

시계에는
어떤 숫자들이 있니?

종이 몇 번 울렸니?

소리를 듣고 몇 시 몇 분인지
알 수 있겠니?

➡ 이 활동은 수학 관련 교육과정상 유아교육기관에서는 '수 감각 기르기 – 생활 속에서 익숙한 큰 수 세는 경험하기'에 해당되며, 초등학교에서는 '수와 연산 – 100까지의 수'로 연계되는 활동입니다.

1

시계를 살펴보세요.

- 시계에는 어떤 숫자들이 있니?
- 3하고 마주보는 숫자는 뭐니?

2

12시 종소리에 대해 이야기 나누어보세요.

- 종은 몇 번 울렸을까?
- 12시 종소리를 내볼까?

3

시간을 소리로 나타내는 방법을 생각해요.

- 2시 3분을 소리로 나타내려면 어떻게 해야 할까?(예 삐꾹, 삐꾹, 똑딱, 똑딱, 똑딱)

4

소리로 숫자를 표시하는 다양한 방법에 대해 생각해보세요.

- 짝짝 박수소리를 10분이라고 한다면 30분은 어떻게 표현할 수 있을까?
- 쿵쿵 발 구르는 소리를 5분이라고 할 때 10분은 어떻게 표현해야 할까?

더 놀고 싶어요!

숫자 춤

몸으로도 숫자를 표현할 수 있대요.
자리 수마다 약속을 정해서 재미난 숫자 춤을 춰보세요.

100 의 자리	10 의 자리	1 의 자리
제자리에 한 바퀴 돎	허리를 한 바퀴 돌림	팔을 한 바퀴 돌림
예 123 →  1회,	 2회,	 3회

 와 함께 12 를 숫자 춤으로 표현해보세요.

 와 함께 1 3 4 를 숫자 춤으로 표현해보세요.

가 추는 숫자 춤을 보고 숫자를 써보세요.

가 추는 숫자 춤을 보고 숫자를 써보세요.

가 추는 숫자 춤을 보고 숫자를 써보세요.

가 추는 숫자 춤을 보고 숫자를 써보세요.

2 굴개 굴개 청개구리

계산기는 화면과 버튼이 큰 것이 좋겠지요?

준비물 계산기, 포스트잇, 쟁반

늘 무엇이든 거꾸로만 하던 청개구리는 엄마가 '엄마를 산에 묻지 말고 강에 묻어라'라는 유언을 남기고 돌아가신 다음에야 잘못을 뉘우치고 엄마의 말씀을 따르기로 했대요. 그래서 엄마를 강가에 묻고 비가 올 때면 엄마 무덤이 떠내려갈까 걱정하며 개굴개굴 슬피 운답니다.

~보다 위/ 아래에 있는 숫자는?

~보다 작은 숫자는?

모두 더해서 누가 더 큰 수가 되었니?

➡ 이 활동은 수학 관련 교육과정상 유아교육기관에서는 '공간 및 도형 알기 – 위, 아래, 앞, 뒤, 옆 알기'에 해당되며, 초등학교에서는 '공간 – 구체물의 이동에서 공간감각 기르기'로 연계되는 활동입니다.

1

포스트잇에 숫자를 하나씩 차례대로 쓰고 벽에 자유롭게 붙여 보세요.

2

'굴개 굴개 청개구리'가 되어 설명해주는 공간을 반대로 가리켜보세요.

- 위! (아래를 가리킨다.)

3

지시에 반대되는 포스트잇을 번갈아가며 모아보세요.

- 쟁반 안에 있는 숫자(쟁반 밖에 있는 포스트잇 가져온다.)
- 3보다 큰 것!(3보다 작은 숫자의 포스트잇)

더 놀고 싶어요!

비가 오는 날은?

"굴개~ 굴개~" 개구리는 비가 오는 날 엄마 무덤이 떠내려 갈까 봐 자꾸만 운대요.
설명을 듣고 비가 오는 날을 달력에 표시해 보세요.

이번 달 달력을 그려 보세요.

- 5일에서 아래로 2번째 날은 언제니?
- 이번 달에 일요일은 몇 번 있니?
- 일 년에 31일은 몇 번 있을까?

비가 오는 날

1. 첫 번째 주 화요일에 비가 옵니다.
2. 수요일과 토요일 사이 짝수 날에 비가 옵니다.
3. 20일과 30일 사이 수요일에 비가 옵니다.

   또 언제 비가 올까요?

4. ______ 에 비가 옵니다.

3 콩쥐 팥쥐

옥수수 뻥튀기나 작은 구슬, 바둑알 같은 것으로도 할 수 있어요.

준비물 레고 블록, 콩

콩쥐의 새어머니는 매우 심술궂어서 나무호미로 돌밭 일구기, 깨진 독에 물 채우기, 베짜기, 곡식찧기 등을 콩쥐에게 시키지요. 하지만 그때마다 검은 소, 두꺼비, 선녀, 새떼 등이 콩쥐를 도와줍니다. 고을 원님의 생일잔치에 갔다가 돌아오던 콩쥐가 개울가에 떨어뜨린 비단신발 덕분에 원님과 결혼해서 행복하게 살게 된답니다.

한 줌에는 콩이 몇 개가 들어갈까?

엄마의 한 줌과 너의 한 줌은 같을까?

묶음으로 세어 볼까?

➡ 이 활동은 수학 관련 교육과정상 유아교육기관에서는 '수 감각 기르기 – 생활 속에서 익숙한 큰 수 세는 경험하기'에 해당되며, 초등학교에서는 '수와 연산 – 100까지의 수'로 연계되는 활동입니다.

1

콩 한 주먹이면 몇 개가 될지 예상해보세요.

- 콩 5개를 손바닥에 놓으면 어느 정도 될까?
- 한 줌 가득 잡으면 몇 개일까?

2

콩 한 주먹을 세고 개수를 비교해 보세요.

- 모두 몇 개니?
- 엄마와 네 것 중에 어떤 것이 더 많니?

3

레고 블록을 이용해서 콩을 묶음으로 세어보세요.

- 레고 블록 구멍에 콩을 하나씩 올리면 몇 개를 올릴 수 있니?
- 레고 2개면 콩이 몇 개일까?

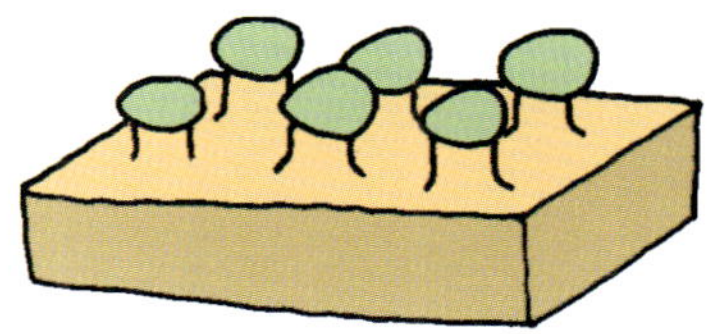

더 놀고 싶어요!

큰 신발, 작은 신발

꽃신 주인 콩쥐를 찾았듯이 우리도 신발 주인을 찾아볼까요? 신발장에서 신발을 꺼내 신어보고 크기를 자로 재어 보세요. 신발 그림을 그리고, 크기를 쓰고 주인도 찾아보세요.

신발 크기

신발 크기 순서대로 번호를 써주세요.

신발 크기

cm

신발 크기

cm

신발 크기

cm

- 크기대로 신발을 놓아볼까?
- 가장 크기가 큰 신발은 어떤 거니?
- 왜 엄마 신발일 거라고 생각해?

엄마 아빠와 내 신발을 대 보고 그 차이만큼 종이를 잘라 붙여 보세요.

아빠 신발과

내 신발

풀칠

엄마 신발과

내 신발

풀칠

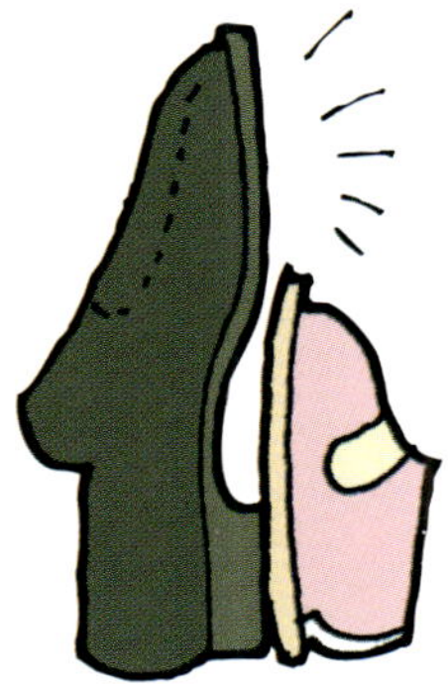

4 호랑이와 오누이

블록을 쌓아서 산봉우리도 만들고 블록 하나를 떡이라고 하면서 놀이해보세요.

준비물 바구니, 블록

깊은 산골에 떡 파는 어머니와 오누이가 살고 있었습니다. 팔고 남은 떡을 갖고 오던 어머니는 호랑이에게 떡을 하나씩 하나씩 빼앗기고 죽게 되지요. 호랑이는 오누이도 잡아먹으려 하지만 하늘에서 내려준 동아줄을 타고 올라가 해님과 달님이 됩니다. 호랑이는 썩은 동아줄을 타고 올라가다 떨어져 죽고 말지요.

고개마다 떡을 두 개씩 주면 떡이 몇 개 필요할까?

남은 떡의 개수만 보고도 처음 있었던 떡이 몇 개인지 알겠니?

여기 있는 떡을 셋이서 똑같이 나누어 먹으려면 몇 개씩 먹어야 할까?

➡ 이 활동은 수학 관련 교육과정상 유아교육기관에서는 '수 감각 기르기 – 생활 속에서 익숙한 큰 수 세는 경험하기'에 해당되며, 초등학교에서는 '수와 연산 – 100까지의 수'로 연계되는 활동입니다.

1

고개마다 떡을 놓으면서 개수를 세어보세요.

- 고개마다 호랑이가 떡을 1개씩 먹으면 몇 개가 남을까?
- 호랑이가 여섯 번이나 떡을 먹으면 몇 개가 남게 될까?

2

고개마다 놓인 떡을 보고 처음 바구니에 있었던 블록의 개수를 맞혀보세요.

- 고개에 10개의 떡이 있고 바구니에 남은 떡이 1개라면 처음 바구니에 있었던 떡은 몇 개였을까?

3

같은 수로 떡을 나누어보세요.

- 오빠랑 누이동생이 떡을 나누어 먹으려면 몇 개씩 나누어 먹어야 할까?

더 놀고 싶어요!

동아줄? 고무줄!

물건을 손에 담아 무게를 예상해 보아요. 고무줄로도 무게를 잴 수 있대요.
어떤 게 가장 무거울지 예상해 보고 고무줄 저울로 무게를 달아서 비교해보세요.

고무줄 저울 만드는 방법

❶ 쇠 옷걸이 2개, 고무줄 1개를 옆의 그림과 같이 연결합니다.
❷ 아래 옷걸이에 무게 잴 것을 걸고 늘어진 곳에 표시를 합니다.

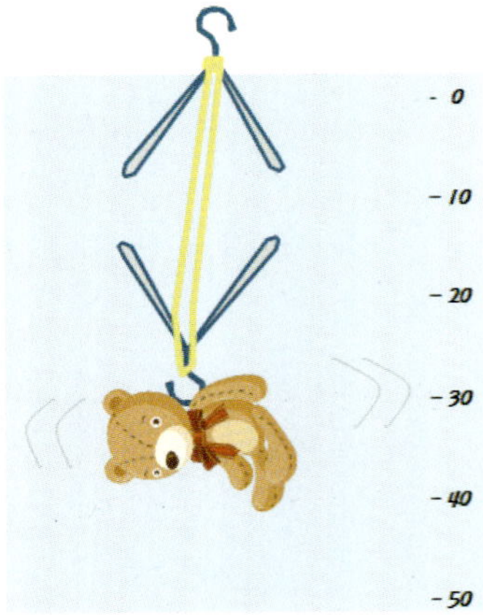

고무줄 저울로 무게를 재어볼 물건들이에요.

- 고무줄이 더 많이 늘어난 게 더 무거운 걸까?
- 어떤 게 가장 무거울 거 같니?
- 생각한 것과 직접 재 본 것이 같니?

무거울 것 같은 물건부터 차례로 표시해보세요.

실제로 쟀을 때 가장 무거운 물건부터 차례로 표시해보세요.

5 반쪽이

거울은 바닥에 딱 붙을 수 있는 네모난 모양의 거울이 좋습니다.

준비물 잡지나 신문에서 오린 사람이나 물건 사진, 사인펜, 거울

눈도 하나, 코도 하나, 팔도 한쪽… 반쪽이는 모든 것이 반밖에 없었답니다. 하지만 힘도 세고 매우 지혜로웠지요. 반쪽이는 몸은 불편했지만 늘 밝은 마음으로 어머니를 잘 공경하며 지냈어요. 반쪽이는 힘과 지혜로 결국에는 마음씨 고운 아내를 얻어 행복하게 잘 살았답니다.

반으로 나누면
어떤 모양일까?

원래는 어떤 모양이었을까?

이게 반쪽이라면 원래는 몇 개였을까?

➡ 이 활동은 수학 관련 교육과정상 유아교육기관에서는 '수 감각 기르기 – 구체물로 연산하는 경험'에 해당되며, 초등학교에서는 '수와 연산 – 간단한 수의 덧셈과 뺄셈'으로 연계되는 활동입니다.

1

잡지나 신문에서 사람이나 물건 사진을 오려보세요.

- 반으로 나누면 어떤 모양이 될까?
- 어디를 잘라야 반이 될까?

2

반으로 자른 사진을 거울로 보며 관찰해보세요.

- 자르기 전에는 어떤 도양이었을까?
- 거울을 자른 면에 대고 볼까?

3

데칼코마니를 만들어 보세요.

- 종이를 반으로 접어볼까?
- 물감을 한쪽 면만 이용해서 그려 보자.
- 반을 접어보자. 펴 보니 어떤 모양이 되었니?

더 놀고 싶어요!

반으로 반으로

길쭉한 빨대를 반으로 잘라 볼까요?
자른 것을 계속 반으로 자르면 빨대가 몇 개가 되는지도 세어보세요.

빨대를 한 번 자르면 [ ] 개가 됩니다.

각 빨대를 다시 반으로 자르면 모두 [ ] 개가 됩니다.

각 빨대를 다시 반으로 자르면 모두 [ ] 개가 됩니다.

각 빨대를 다시 반으로 자르면 모두 [ ] 개가 됩니다.

- 반으로 자르면 몇 개씩 많아질 것 같니?
- 한 번씩 더 자르면 몇 개가 될 것 같아?
- 네 번씩 자르면 몇 개가 될까?

6 헨젤과 그레텔

콩이나 돌이 아니라 실제 빵이나 과자 혹은 놀잇감 등을 가지고 놀이하셔도 된답니다.

준비물 콩, 돌

너무나 가난한 나무꾼의 아들과 딸인 헨젤과 그레텔은 자신들이 산 속에 버려지게 된다는 것을 우연히 알게 되었어요. 그래서 산으로 가는 길에 조약돌과 빵조각을 조금씩 떨어뜨려서 집으로 돌아오는 길을 표시했답니다. 지혜롭고 용기있는 헨젤과 그레텔은 과자집의 마녀를 물리치고 집으로 돌아오게 된답니다.

숲에서 길을 찾는 방법은 무엇이었니?

길을 갈 때 콩이나 돌을 떨어뜨리면 몇 개가 필요할까?

걸음걸이에 맞춰 콩이나 돌을 번갈아 떨어뜨려 볼까?

➡ 이 활동은 수학 관련 교육과정상 유아교육기관에서는 '공간 및 도형 감각 기르기 – 생활 주변에서 반복되는 규칙을 알고 다음에 올 것을 예측하기'에 해당되며, 초등학교에서는 '규칙 – 규칙적인 배열에서 규칙 찾기'로 연계되는 활동입니다.

1

콩이나 돌을 각각 준비해 주세요.

- 콩이 몇 개가 있니?
- 콩이랑 돌이랑 손에 넣고 흔들면 소리만 듣고서 차이를 알 수 있니?

2

여기서부터 저기까지 가는 데 콩을 한 걸음에 하나씩 떨어뜨리면 몇 개가 필요할까?

- 각각 콩과 돌을 떨어뜨리면서 걸어볼까?
- 콩이 몇 개 필요했니?

3

여러 곳을 가면서 몇 개가 필요한지 세어 보세요.

- 콩이 이만큼 있으면 어디까지 갈 수 있을까?
- 헨젤은 콩을 얼만큼 준비했을까?

4

걸음걸이에 맞추어 콩과 돌을 번갈아 패턴 길을 만들어 보세요.

- 모두 몇 개의 콩과 돌이 필요했니?
- 걸음걸이를 조금 더 작게 해서 놓는다면 콩과 돌이 몇 개가 필요할까?

더 놀고 싶어요!

발자국 패턴 길

헨젤과 그레텔은 길을 표시할 방법이 없었답니다. 그래서 발자국을 남기기로 했어요

여러 가지 발자국을 이용해서 패턴 길을 만들어 볼까요?

놀이터나 실외 모래가 있어 발자국을 남길 수 있는 곳에서

발자국의 모양으로 패턴 길을 만들어 보세요 (예) 왼발－오른발)

• 왼발과 오른발로 엄마가 만드는 패턴 길을 따라와볼래?

• 두 발을 모아 발자국을 찍고, 한 발로 찍고, 다시 두 발을 모아 발자국을 찍고 그 다음은?

• 엄마 발자국과 네 발자국으로 패턴을 만들어 볼까?

발자국의 개수로 패턴 길을 만들어 보세요 (예 두 발–한 발)

발자국의 크기로 패턴 길을 만들어 보세요 (예 큰 것–작은 것)

7 요술 맷돌

그릇이 너무 크다면 소금 대신 크기가 같은 블록이나 바둑알을 하나씩 올려 놓으며 가라앉게 해보세요.

준비물 다양한 그릇, 소금, 작은 숟가락, 큰 숟가락

옛날 착한 나무꾼과 못된 소금장수가 살았습니다. 나무꾼은 병든 할머니를 도와드리고 요술 맷돌을 받아 큰 부자가 되었지요. 소금장수는 이 맷돌을 훔쳐서 배를 타고 가다가 "소금아 나와라 돌돌돌" 하고 주문을 외웠습니다. 하지만 멈추게 하는 주문을 몰랐던 소금장수는 소금이 배에 가득 차고 넘쳐 물에 빠져 죽고 말았답니다.

물에 뜨는 것과 가라앉는 것은 무엇일까?

일회용 접시에 올려놓아도 가라앉지 않을 물건은 무엇일까?

몇 개를 올려놓을 때 접시가 가라앉을까?

➡ 이 활동은 수학 관련 교육과정상 유아교육기관에서는 '수 감각 기르기 – 구체물을 가지고 더하고 빼는 경험하기'에 해당되며, 초등학교에서는 '연산 – 100까지의 수 / – 더하기와 빼기'로 연계되는 활동입니다.

1

여러 가지 그릇들 중에서 물에 뜨고 가라앉는 것에 대해 살펴보세요.

- 이것들 중에서 물에 뜨는 것을 찾아볼까?

2

숟가락 크기별로 같은 양의 소금 양을 만들어 보세요.

- 작은 숟가락에 담긴 소금의 양과 큰 숟가락에 담긴 소금의 양을 비교해 볼까?
- 큰 숟가락에 담긴 소금의 양과 같게 하려면 작은 숟가락은 몇 번 사용해야 할까?

양쪽 소금의 양은 같아요.

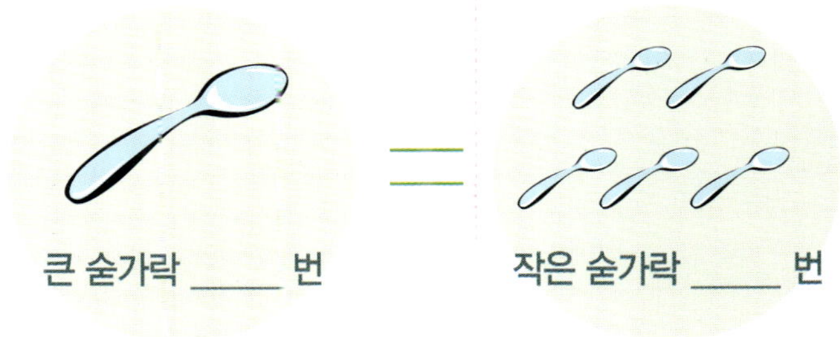

3

배를 가라앉게 하는 소금의 양에 대해 알아보세요.

- 큰 숟가락으로 소금을 담으면 몇 번 만에 가라앉을까?
- 작은 숟가락으로 한다면?

더 놀고 싶어요!

같은 양을 찾아요

여러 가지 물건들 중 가장 많은 개수를 배에 올려 놓아도 가라앉지 않을 것을 찾아보세요.

무엇을 올려 놓을까요?	클립 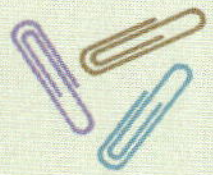	콩 
올린 개수만큼 칠해 보세요.	○○○○○○○○○○	○○○○○○○○○○
올린 개수를 써보세요.	______ 개	______ 개

• 여러 물건(클립, 콩…)들 중 배에 가장 많이 올려놓을 수 있는 것은 무엇이니?

• 어떤 물건을 얼마나 올려놓으면 가라앉지 않을까?

• 더 큰 그릇을 사용하면 어떻게 될까?

<table>
<tr><td>무엇을 올려
놓을까요?</td><td></td><td></td></tr>
<tr><td>올린 개수만큼
칠해 보세요.</td><td>○ ○ ○
○ ○ ○
○ ○ ○
○ ○ ○</td><td>○ ○ ○
○ ○ ○
○ ○ ○
○ ○ ○</td></tr>
<tr><td>올린 개수를
써보세요.</td><td>______ 개</td><td>______ 거</td></tr>
</table>

8 황금거위

문구점에 가면 저렴한 가격으로 자석을 구할 수 있어요.

준비물 여러 종류의 자석, 클립

형들에게 바보라고 놀림 받던 막내는 어떤 노인에게 먹을 것을 나눠주고 황금 거위를 선물로 받게 됩니다. 우연히 들른 여인숙의 세 딸이 몰래 황금거위를 만지자 황금거위에 손이 붙어 떨어지지 않게 되고, 이를 떼려던 목사님, 농부, 경비병들까지 모두 붙어 소동이 납니다. 이것을 본 웃지 않는 공주가 크게 웃음을 터뜨리게 되어 막내는 공주와 결혼해 행복하게 살게 되었습니다.

자석에 붙는 것과 아닌 것을 나누어볼까?

자석에 따라 붙는 클립의 수를 세어볼까?

자석이 셀수록 클립의 수는 어떻게 될까?

➡ 이 활동은 수학 관련 교육과정상 유아교육기관에서는 '수 감각 기르기 – 주변의 물체를 10까지 세고 숫자와 연결하기'에 해당되며, 초등학교에서는 '연산 – 100까지의 수'로 연계되는 활동입니다.

1

자석에 붙는 물건과 아닌 것을 나누어 보세요.

- 냉장고 자석에 붙는 물건들을 찾아볼까?
- 붙지 않는 물건은 무엇일까?

2

냉장고 자석에 붙는 클립의 개수를 세어보세요.

- 냉장고 자석 중에 어떤 자석에 클립이 제일 많이 붙을까?
- 자석에 붙는 클립의 수를 세볼까?

3

여러 가지 자석의 세기를 알아보세요.

- 자석의 세기가 셀수록 자석에 붙는 클립의 수는 어떻게 될까?
- 여러 자석에 클립을 붙여보고 자석의 세기대로 놓아보자.

4

자석에 붙은 클립은 모두 몇 개일지 세어보세요.

- 모든 자석에 붙은 클립의 수를 더해 볼까?

자석 종류	클립 수	개수
______ 자석		______ 개
______ 자석		______ 개
______ 자석		______ 개

더 놀고 싶어요!

따로 또 같이!

자석에 붙은 클립의 수를 여러 가지 방법으로 나누어 보세요.

준비물: 자석, 클립

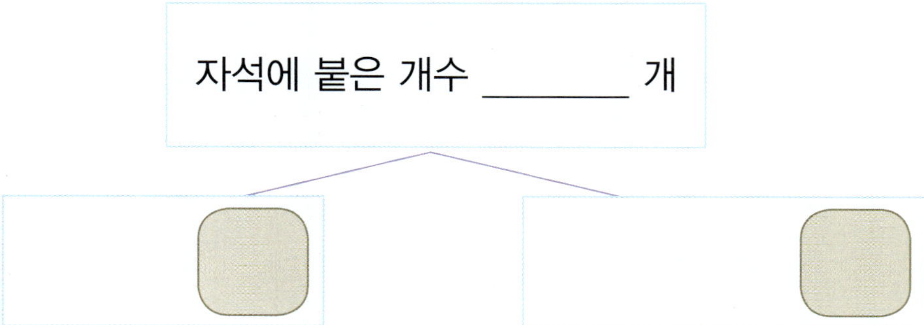

• 자석에 붙은 클립의 개수는 몇 개였니?

• 클립의 개수를 두 가지로 나누어 볼까?

• 8개를 두 편으로 나누는 방법은 모두 몇 가지일까?

자석에 붙은 개수 _______ 개

자석에 붙은 개수 _______ 개

9 잭과 콩나무

준비물 색연필, 같은 크기의 블록, 줄자, 계산기

소를 팔러 시장에 갔던 잭은 요술 콩 세 알과 소를 바꿔서 집에 돌아옵니다. 병든 어머니는 몹시 화를 내고 창밖으로 요술 콩을 버립니다. 다음날 아침, 하늘까지 자란 콩 줄기를 타고 올라간 잭은 거인의 요술하프, 황금알을 낳는 거위 등을 가져온 다음 콩 줄기를 잘라내고 어머니와 행복하게 살게 되었답니다.

잭과 거인의 걸음은 얼마나 차이가 날까?

한 걸음을 손 뼘으로 재어 보면 얼마나 될까?

줄자로 한 걸음을 재보면 얼마나 되니?

➡ 이 활동은 수학 관련 교육과정상 유아교육기관에서는 '기초적인 측정해 보기 – 임의 측정(손 뼘, 블록 등)를 사용해서 길이, 들이 등의 측정 경험하기'에 해당되며, 초등학교에서는 '측정 – 여러 가지 양의 비교'로 연계되는 활동입니다.

1

거인과 잭의 걸음에 대해 이야기 나누어 보세요.

- 잭과 거인의 '한 걸음'은 같을까?
- 왜 그렇게 생각하니?

2

엄마와 나의 걸음이 얼마나 차이가 나는지 알아보세요.

- 엄마의 한 걸음과 네 한 걸음은 얼마나 차이가 나니?
- 한 걸음의 정도를 표시해 볼까?

3

종이에 표시한 걸음걸이를 다양하게 재보세요.

- 걸음걸이를 손 뼘으로 재어보면 얼마나 되니?
- 같은 크기의 블록으로 재보자.

4

걸음걸이를 줄자로 재어 보세요.

- 줄자로 재 보니 몇 cm이니?
- 숫자로 써 볼까? 얼마나 차이가 나는지 계산기로 계산해보자.

더 놀고 싶어요!

몇 걸음에 만날까?

잭(아이)이 네 걸음 앞서서 출발했어요.
거인(엄마)과 잭(아이)이 동시에 한 걸음씩 출발한다면 몇 걸음 만에 함께 만나게 될까요? 표로 만들어 선을 이어보세요.

난 이만큼 앞서서 출발해요	엄마랑 ○ 걸음 만에 만나요
2 걸음	______ 걸음
4 걸음	______ 걸음
6 걸음	______ 걸음
8 걸음	______ 걸음
10 걸음	______ 걸음

- 엄마랑은 몇 걸음만에 만나게 될까요?
- 엄마와 나랑 만나는 걸음걸이를 그래프로 표시해볼까?

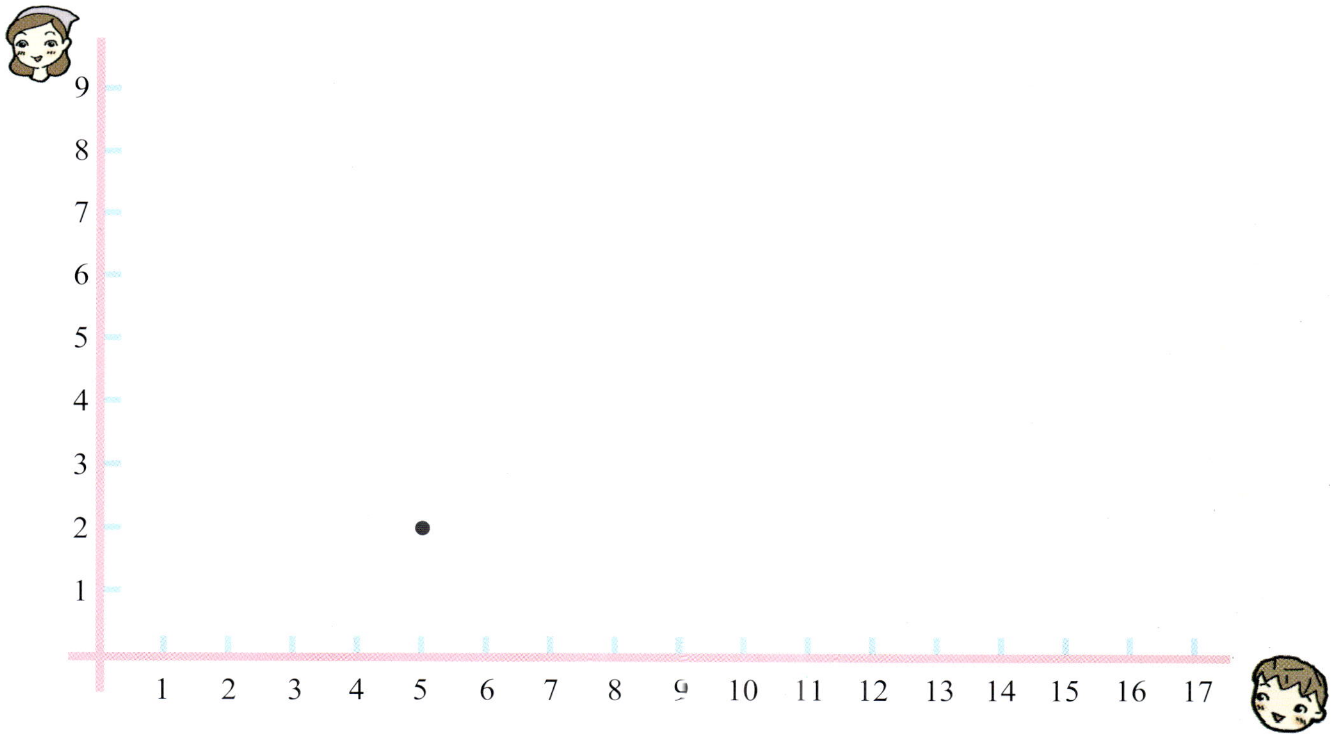

(,) = (2걸음, 5걸음)

(,) = (걸음, 걸음) (,) = (걸음, 걸음)

10 황소와 개구리

새 풍선은 아이들이 불기에 어렵답니다. 몇 번 바람을 넣었다가 빼서 풍선을 헐겁게 만들어 주세요.

준비물 여러 가지 놀잇감, 풍선 2개

아기 개구리는 연못에서 놀다가 처음으로 커다란 황소를 보게 됩니다. 엄마에게 돌아가 황소에 대해 이야기를 해주고 엄마개구리는 "이 만큼 컸니?" 하면서 자꾸만 배에 공기를 넣습니다. "아뇨, 더 컸어요."라는 말에 점점 더 배를 부풀리던 엄마는 그만 배가 터져서 죽게 됩니다.

어떤 것이 더 크니?

이것보다 두 번째로 작은 것은 뭘까?

크다는 것과 넓다는 것, 높다는 것은 어떻게 다를까?

➡ 이 활동은 수학 관련 교육과정상 유아교육기관에서는 '자료 정리 및 결과 나타내기 – 한 가지 기준에 따라 분류하기'에 해당되며, 초등학교에서는 '비교하기 – 분류하고 비교하기'로 연계되는 활동입니다.

1

풍선에 바람을 넣어 '더 크게' 만들어 보세요.

- 풍선에 바람을 넣어보자.
- 이것보다 더 크게 불어볼래?

2

주변의 물건 중에서 '조금 더 큰 것 찾기'를 해보세요.

- 엄마가 가져 온 이 지우개보다 조금 더 큰 것을 찾아 와 보자.
- 여기 있는 물건 중에서 세 번째로 큰 물건은 뭐니?
- 동그란 과자를 크기대로 나누어 볼까?
- 큰 것과 작은 것은 각각 몇 개니?

3

크기, 길이, 넓이, 두께 등을 비교해보세요.

- 가장 두꺼운 것부터 놓아볼까?
- 가장 긴 것부터 놓아볼까?

더 놀고 싶어요!

더 커요!

블록 등에 연필을 붙이고 원을 그려보세요. 더 큰 원을 그리려면 어떻게 해야 할까요? 점점 더 큰 원을 그려보세요.

- 연필을 블록에 붙이고 돌리면 어떤 모양이 나올까?
- 더 큰 동그라미를 그리려면 연필을 어디로 옮겨서 붙여야 할까?
- 엄마가 그린 동그라미보다 더 큰 동그라미를 그려볼까?

참고문헌

강미선(2006). 행복한 수학 초등학교. 휴먼어린이.

_____ (2008). 개념 잡는 초등수학 사전. 주니어김영사.

김현태(2007). 부자수업. 청림아이.

교육과학기술부(2007). 유치원 교육과정.

_____________ (2007). 초등학교 교사용지도서 수학 1-가.

루타라이머, 월버트 라이머(2007). 수학자도 사람이다. 꼬마이실.

박경미(2007). 수학비타민. 랜덤하우스코리아.

부산일보. 2008. 2. 26.

이광연(2004). 또 웃기는 수학이지 뭐야!. 경문사.

이유명호(2007). 몸을 살리는 다이어트 여행. 이프.

예림당편집부(2005). 어린이 인체 백과. 예림당.

조선일보. 2008. 6. 26.

필게이츠(2003). 자연이 준 놀라운 발명품. 문공사.

한유미(2005). 유아수학교육. 창지사.

함윤미(2005). 단숨에 키우는 동식물 상식. 진선출판사

Kohl, K. C. 지음(2000). 아름다운, 너무나 아름다운 수학. 경문사.

저자 소개

조형숙

현) 중앙대학교 유아교육학과 교수

경력: 한국행동과학연구소 연구원

킹스보로대 Adjunct Assistant Professor

저서: 유아과학교육(공저)

넘치게 사랑하고 부족하게 키워라(역서)

홍은주

부천대학 유아교육과 교수(강의전담)

중앙대학교 유아교육과 박사, 전 송호대학 유아교육과 교수

김민정

중앙대학교 유아교육학과 강사

중앙대학교 박사 수료

백소영

중앙대학교 박사과정

중앙아동연구소 교육연구원

평생수학, 유아기에 결정된다

엄마와 함께 하는 즐거운 수학놀이

2008년 9월 10일 1판 1쇄 발행
2014년 10월 10일 1판 2쇄 발행

지은이 • 조형숙
홍은주 · 김민정 · 백소영
펴낸이 • 김진환
펴낸곳 • (주) 학지사
121-838 서울특별시 마포구 양화로 15길 20 마인드월드빌딩
대표전화 • 02)330-5114 팩스 • 02)324-2345
등록번호 • 제313-2006-000265호

홈페이지 • http://www.hakjisa.co.kr
커뮤니티 • http://cafe.naver.com/hakjisa

ISBN 978-89-6330-607-0 93370

정가 14,000원